22世紀を見る君たちへ
これからを生きるための「練習問題」

平田オリザ

講談社現代新書
2565

序章　未来の漁師に必要な能力は何か？

未来のことはわからない

現在の日本人の平均寿命は八四歳。

ということは今年（二〇二〇年）生まれる子どもたちは、その天寿を全うすれば、みな二二世紀を見ることになる。

彼ら／彼女らは、まったく想像もできない未来を見る。まったく想像もできない世界を生きる。

ここに綴られた文章は、二〇一八年から一九年にかけて講談社のPR誌『本』に連載をしてきた原稿に若干手を加えたものだ。読んでいただければわかるが、この連載では大学入試改革を縦軸に、日本の教育の諸問題について考えてきた。しかし、誰も予想していなかったことだが、本連載で大きく取り上げた共通テストの記述式問題は、あっけなく導入見送りが決まり、私は振り上げた拳の下ろしどころを失ってしまった。

本当に、数年先のことさえも何が起こるかわからない。

あらためて、本書を刊行するにあたって、あらかじめ以下のことを記しておきたいと強く思う。

教育のことはわからない。
なぜなら、未来はわからないから。

教育とは何か？

よく言われるように、私たち人類は未成熟な形で母の胎内から生まれ、脳の柔らかい期間を長くとってさまざまな学習を行うように進化を遂げた。それが、ヒトの成長の特徴である。そのためヒトの子育ては、他の動物よりも難しく、社会全体で子どもを育てていく必要性が生まれた。ここに広義の「教育」の起源がある。「教育」とは、人類を、他の生物と区別する大きな要素の一つである。

しかし一方、古代ギリシアなどの例外を除いては、「教育」が、社会全般に意識されるようになったのは、人類の長い歴史を一年に例えるなら、ほんの数日前のことに過ぎない。

フランスの歴史学者フィリップ・アリエスの名著『〈子供〉の誕生』（一九八〇年、みすず書房）によれば、ヨーロッパでは中世まで「子ども」という概念はなかった。乳幼児死亡率が極端に高かった時代、そこを生き延びると大多数の人々は、七、八歳で徒弟修業に出され大人と同等に扱われた。アリエスはそれを「小さな大人」と呼んでいる。

この説をすべて鵜のみにするかどうかは別として、おそらく「教育」「学校」あるいはそれと区別される「家族」という概念さえ、近代以前には、ごく限られた階級のみが意識できたものだった。もちろん、洋の東西によっても多少事情は異なるのだろうが、庶民の生活レベルでは、この点、大きな違いはなかったのではあるまいか。

宗教の違いなどを含め、国家や民族のそれぞれの歴史や事情はあるにせよ、そして、その細かな差異は本文の中で見ていくにしても、おおよそのところでは、どの国においても、産業社会が生まれ、あるいは国民国家の生成の過程で、「教育」の必要性が起こり「学校」が生まれた。

そう考えれば、狭義の「教育」「学校」の歴史は、たかだか数百年に過ぎない。そうであるなら、私たちは教育について考えるとき、もっと謙虚になるべきではないだろうか。

まして、未来のことはわからないのだから。


漁師になるのに必要な能力は何か？

教育とは、そのわからない未来を予想して、あるいは来たるべき未来社会を予想して、

「子どもたちに生きるための能力を授ける」という、いささか無謀な行為である。それでも二〇世紀前半くらいまでは、その予想は、ある程度可能だったのかもしれない。

たとえば自分の息子が、自分のあとを継いで漁師になることが確実にわかっていれば、その子どもには、船の動かし方、釣り具や網の整備の仕方、天候の予測のための知識、万が一のときの泳ぎ方といったことを教えておけばよかった。

しかし、いま私たちが直面しているのは、おおよそ以下のような問題である。

■まず、その子が、どんな職業に就くかがまったく予想できない。

■たとえ親が子どもを漁師にしたいと考えても、そもそも二二世紀に漁師という仕事があるかどうかがわからない。

■さらに、たとえ漁師という仕事が生き残ったとしても、そこで必要とされる能力について予想がつかない。

■それは、漁業ロボットを操作する能力かもしれない。漁から販売までを一元化し、六次産業化していくコーディネート力かもしれない。あるいは、養殖の技術や遺伝子組み換えについての研究こそが、漁師の本分となるかもしれない。

■私が暮らす兵庫県豊岡市の隣町、カニ漁で有名な香美《かみ》町では、多くのインドネシア人が漁業実習生として漁に携わっている。もしかすると、これからの漁師に必要な能力はインドネシア語の習得や、イスラムの習慣への習熟かもしれない。

未来が予測不可能なのに、いったい私たちは、子どもたちに何を教えればいいのだろう。

英語教育は必要か？

現状、もっともわかりやすい例（厳密に言えば、もっとも未来が予測しにくいので、逆に例としてはもっともわかりやすい事柄）は、英語教育だろう。

四〇年近く前の私の予備校生時代、一人の頑迷な理系の教師がいた。彼は、当時、最先端の情報工学が専門であった。この教師の口癖は、「もうあと数年もすれば、自動翻訳が飛躍的に進む。だから、君たちがいま必死に学んでいる英語はすべて無駄になる」というものだった。

この文章を読んでいるすべての読者がご承知のように、彼の予言は見事に外れた。しかし、この教師のことをいったい誰が笑えるだろうか？　いまは逆に、小学校からの英語教育が実施に移され、二〇二〇年度には、これまで「外国語活動」とされてきたものが、小学校でも教科として扱われるようになる。しかし、この改革を批判、疑問視する声も多い。

私の親しい英語教師の中には、英語教育は現行の中学校どころか高校からでもかまわないと公言する方たちもいる。それよりは母語の言語運用能力をしっかりと高めてもらった方がいいと考える教員は多い。自らの語学教育の力量に自信のある方たちほど、英語の早期教育には（少なくとも義務教育化には）反対する傾向がある。

また幼児期の英語教育は、少なくともその後の英語の成績とは相関性がないというデータもある。もちろん私は「だからやめた方がいい」といった短絡的議論に与するわけでもない。

ネイティブスピーカーと同じ発音を目指すなら、百歩譲って早期教育は大切なのかもしれない。しかし、そもそも日本人の大多数が、ネイティブと同じ発音をする必要があるのかどうか。

さらに、教えるべきは英語なのかという議論も当然あるだろう。二一世紀の中盤以降を生きる日本人に必要なのは中国語かもしれないし、あるいはドイツ語やロシア語かもしれない。

また、近年の自動翻訳技術の進歩には目を見張るものがある。外国人の多い観光地では、土産物屋や旅館などの接客にはスマホのGoogle翻訳や、小型の自動翻訳機は欠かせないツールとなっている。おそらく、この技術は加速度的に進歩していくだろう。細かいニュアンスを伝えることができるようになるのはまだまだ先のことだろうが、接客に使われるパターン化された会話ならば、タイムラグなしで機械翻訳ができる日もそう遠くはない。先の予備校教師の主張は、五〇年ほどの時を経て実現するかもしれないのだ。

もしもそうなったときに本当に大事なのは、その自動翻訳の機械を使いこなしつつ、微妙なニュアンスをノンバーバル（表情や身振りなどの非言語領域）で伝えていくコミュニケーション能力かもしれない。

いやいや、もちろん、このまま英語が世界を席巻し、このような批判があったことすら笑い話のようになるかもしれない。

わからない。本当にわからない。

トレードオフ

そもそも教育はトレードオフである。特に初等教育はその傾向が強い。

子どもの学びの時間は限られている。何かを入れるなら、何かを捨てなければならない。英語教育もいい、プログラミングの教育も必要かもしれない。私がお手伝いをしているコミュニケーション教育の重要性も否定する人は少ない。だとしたら、他の何かを犠牲にしなくてはならない。たとえば書道は科目、あるいは単元として必要だろうか。漢字は書き順まで覚える必要があるのか。実際、教育学の専門家のあいだにも、さまざまな議論がある。

未来がわからないのに、私たちは、その優先順位をどのように決めればいいのだろうか。

本書ではできる限り、ある政策や教育システムの長所と想定しうる弊害を併記したうえで、私自身は「いろいろ迷うけれども、こちらのほうがいいと私は考える」という書き方をする。まどろっこしいと思われるかもしれないがご容赦いただきたい。

トレードオフの典型例を、とりあえず一つだけ示しておく。

本文中でも触れるが、この三〇年ほど、特に都心部では中高一貫校への進学熱が継続して高まってきた。中高一貫校の利点はさまざまだ。中学校と高校の学びの重複を避け、効率的な学習ができる。カリキュラムに余裕があり、また予算も潤沢なので、その時間をアート体験などに振り分けている学校も多い。

一方で、中学受験は、どうしても親がかりになりがちだ。そこでよく言われるのが、「中学受験をさせると、自立的な学びの習慣が身につかない」という指摘だ。

もちろん例外もある。いや、教育統計（あるいは教育社会学など）では、よく言われることだが、教育は身近に例外を見つけやすい。中高一貫校だけれども、親や通っていた塾の指導がよく、自立した学習習慣をすでに持っている生徒もたくさんいる。実際、トップエリート校に入学するためには、親がかりであると同時に、子どももある程度、自立して学べる力がなければ合格はおぼつかないだろう。

そしてもちろん、きわめて当たり前のことだが、中学受験をしなかったからといって、すべての人が自立した学習習慣を身につけられるわけでもない。

教育は、誰もが「俺は違った」「違う見方もある」と言いやすい。

本書では、反証のための反証のような例外はあえて切り捨て、教育界や大学入試改革に関する大まかな動向の話を中心に進めたい。できるだけ客観的なエビデンス（根拠）を示すつもりだが、学術論文ではないのでご理解いただきたい気持ちもある。

国を捨てる学力

第七章でも詳しく述べるが、私が教育政策・文化政策全般をお手伝いしている兵庫県豊岡市は、二〇一七年度から演劇的手法を使ったコミュニケーション教育を、市内三八の小中学校で全校実施している。この実施までに豊岡市教育委員会は三年の歳月をかけた。

まず二〇一五年度に五つのモデル校を定め、私がそこで実際の授業を行うとともに、夏休みの教員研修会などでもコミュニケーション教育に焦点を当て、一般の教員が無理なく演劇教育が行えるように準備を進めてきた。

二〇一六年度には、私がモデル授業を続けるとともに、教員の側にも実践を試みていただいた。

小中一貫教育の完成年度でもあった三年目の二〇一七年度は、すべての学校で、小学六年生と中学一年生が毎学期、演劇の授業を体験することになった。

市教委の狙いの一つは、単に演劇教育を導入するだけではなく、この手法を全教員が学ぶことで教員自身の授業力向上、さらには若手教員の授業の質向上へのモチベーションそのものを上げていこうというものだった。

豊岡市の小中一貫教育は、この「コミュニケーション教育」と、「ふるさと教育」「英語教育」を三本柱としている。市内全小中学校にALT（外国語指導助手）を配置するほか、幼稚園／保育園からネイティブの英語に触れる機会を多く用意している。

しかし私たちは「豊岡の英語教育は、文部科学省が謳うようなグローバル教育ではない」と公言している。豊岡の英語教育は、世界で活躍する人材、世界で闘う人材を育成するための教育ではない。豊岡そのものを国際化するための教育だ。

たとえば、先に掲げた「コミュニケーション教育」「ふるさと教育」「英語教育」を連動させて、子どもたちが習った英単語を織り交ぜながら外国人観光客を道案内するといった授業プログラムも実施している。ここでは、正しい英語を使うことが目的ではなく、どうすれば海外から来てくれた観光客に自分の気持ちを伝えられるかの工夫が評価される。

このような先進的な取り組みが豊岡市において急速に受け入れられたのには、一つの背景がある。

かつてこの豊岡、但馬《たじま》の地に、東井《とうい》義雄という教育者がいた。日本のペスタロッチとも呼ばれる東井先生は、昭和三〇年代に「村を捨てる学力、村を育てる学力」という概念を提唱した。このまま、いわゆる「学力」だけを伸ばしても優秀な子どもほど東京に出て行ってしまい、村は疲弊するばかりだ。もっと共同体を豊かにするような教育に、その教科内容を切り替えるべきではないか。高度経済成長のまっただ中で、このような主張が、当時、陸の孤島であった但馬の地から生まれたのは驚嘆に値する。

いま文科省が進める「グローバル教育」は、二一世紀版の「村を捨てる学力」、いわば「国を捨てる学力」なのではないか。

それは、言い換えれば、教室にいる四〇人のうちの三九人を犠牲にして、一人のユニクロ・シンガポール支店長を作るような教育だ。教育工学的に見ても効率が悪いし、そして獲得目標も低い。しかも残りの三九人はグローバル化から取り残され、あるいはそれを怨《えん》嗟《さ》し、偏狭なナショナリスト予備軍になっていく。誰のための、何のためのグローバル教育なのか。

現行の教育改革の多くは、産業界からの要請によってなされている。あるいは振り回されている。

私は、文科省が行う改革のすべてが間違っているとは思っていない。だいいち、文科省の内部も一枚岩ではない。ゆとりと言ってみたり、基礎学力と言ってみたり、その振り幅も相当に大きい。

もっとも問題なのは、現状、現政権では、産業界の、教育のことなど何もわからない人々が、きわめて近視眼的な展望だけで、外から教育をゆがめている点だ。

企業自体が、株主の利益を最大化するために、単年度の決算成績のみを問題とするようになり、社会の公器としての側面をないがしろにしている。そんな短期利益の追求を旨とする企業の要請で、「即戦力」と呼ばれる人材を育成することに教育が汲々としていて、国家百年の計を守ることができるのか。

わからない未来へ

先に私は、未来のことはわからないと書いた。しかし、おぼろげながらでも予測のできることはある。いや、少なくとも、予測はできなくても予感を語ることはできる。

一九七〇年、大阪万国博覧会の年、私は七歳だった。未来は、二一世紀は、明るく輝いていた。

しかし、いま、二一世紀を無邪気に明るく捉える風潮はない。もちろん、世の中には、それを明るく捉える人もいることは理解している。日本は「神の国」であるから必ず復活するのだ。いや、安倍晋三政権下で、すでに日本は蘇ったのだと信じている人々が一定数いることもわかっている。それでもその数は、一九七〇年当時に比べて、きわめて少なくなっていることは事実だろう。

さまざまな統計やアンケート調査を見ても、諸外国に比して、日本の子どもたちは「現状には不満がなく、将来に不安を感じている」と言われている。かつて村上龍氏は『希望の国のエクソダス』（二〇〇二年、文春文庫）の中で、登場人物の少年に以下のように語らせている。

〈この国には何でもある。本当にいろいろなものがあります。だが、「希望」だけがない〉

おそらく七〇年の日本人は、現状に強い不満を抱えながら、将来には大きな希望を抱いていた。どちらがいいという話ではない。現状が、そうだということだ。

では、しかしそれは、日本がすでに成長を終えた成熟社会だからだろうか。

中国や、アフリカの子どもたちは、二二世紀にどんな夢を抱いているのだろうか。

そのようなことも含めて、本書の中で、私は「教育」について考えていきたいと思う。

前著『下り坂をそろそろと下る』（二〇一六年、講談社現代新書）で記したように、希望の持ちにくい日本社会、あるいは二一世紀の世界において、それでもかすかな希望の予感を探したいと思う。

過去にさまざまなところに書き記した教育関連の記事をまとめる形にもなるが、その点はご容赦いただきたい。二〇二〇年度の大学入試改革など、教育の大きな転換期を前に、私のこれまでの考えを一つにまとめて記しておくのも本書の狙いの一つである。

本書のタイトルは『22世紀を見る君たちへ』としたが、もちろん読んでいただきたいのは、保護者や現場の先生方、教育に関わるすべての人々だ。本書の整理を出発点として、ゆっくりと議論が広がっていくことを期待したい。私は教育学の専門家ではない。しかし、私の強みは、小学校から大学、大学院、あるいは高齢者や障害を持った方たちまで含めてあらゆる対象のワークショップや授業を数多く行ってきたことだ。もはや教育の問題は「初等教育」「高等教育」と分けて考えられるものではない。社会の変化と結びついた形での実践的な議論を進めたい。

この序章もそうだが、この本では繰り返し「わからない」ということが書かれる。「未来はこうなります。だからこういった教育が必要です！」と言い切ってしまえば楽だし、その方が書籍は売れるかもしれない。

しかし、未来は本当にわからない。本書は、そのわからなさに対する、私なりの彷徨の軌跡だと思ってもらってもかまわない。

注釈

本書は、その性格上、さまざまな機関で行ってきた大量の試験問題文を引用、掲載している。どうしても必要なものを本文中に収録し、参考となるものは最後に付録としてまとめた。本文中のものでも長大なものもあるので、読み飛ばしていただいてもかまわない。なお、本書を執筆するにあたって、透明性を担保するために、三点ほど、事前に読者に知らせておきたいことがある。

一、私は、二〇二一年四月兵庫県豊岡市に開学予定の兵庫県立国際観光芸術専門職大学(仮称)の学長候補者となっている。現在、この大学は文部科学省に認可申請中だ。本来ならば文科省批判を控えるべきところかもしれない。本書は長年の連載をまとめたものなので、特に問題はないと考えるが、筆致が鈍る部分があるかもしれない(まぁ、あまりないと思うが)。

二、私は東京藝術大学COI(CENTER of INNOVATION)の特任教員として、そこに参画するベネッセの方たちと、さまざまな活動を行ってきた。また、現在は、ベネッセの主力事業である進研ゼミが小学校四、五年生に配布している小型ロボット「ミラクルロボ」の対話シナリオの監修をしており、うちの劇団に所属する劇作家たちが、対話シナリオ制作のお手伝いを行っている。結果として、私が関わる（有）アゴラ企画にとって、ベネッセは年間売り上げの数パーセントを占める大きな取引先となっている。本文中にベネッセに関連する記述はほとんどないが、それは特に必要を感じなかったからだ。しかし、事前に、この情報を記さないことは公平性を欠くと考えたので、念のため公表をしておく。

三、今回の大学入試改革の論理的な支柱ともなった鈴木寛元文部科学副大臣（のちに文科大臣補佐官）は私の年来の友人であり、コミュニケーション教育推進事業や、通称「劇場法」の策定などをともに進めてきた。ただ、当たり前のことだが、鈴木氏が掲げるすべての政策に私が賛同しているわけでもない。本書では、大学入試改革について、私なりに是々非々で見解を記している。批判するべきところは批判し、擁護とまではいかないが、「本当の主旨はこうだったはずだ」と補足する部分も多くある。私としては、できる限り客観的な記述を行ったつもりだが、私と鈴木氏の関係を先に述べないことも誤解を招く可能性があるので、ここに記しておく。

目次

第一章　未来の大学入試（一）

だから言ったじゃないか！

困ったことになった。

序章でも書いたように、本書は、二〇一八年四月から二〇一九年六月まで一五回にわたって月刊誌に執筆、それに加筆修正をして二〇二〇年一月に脱稿、三月に出版というスケジュールで当初より担当者と連載を進めてきた。しかしご承知の通り、二〇一九年一〇月末に萩生田《はぎうだ》光一文部科学大臣による、例の「身の丈」発言があり、その後、一一月上旬には英語の民間試験導入が見送られることに、さらに一二月下旬には国語と数学の記述式問題導入も見送りとなった。

連載終了から新書版の原稿完成までの半年の間に、連載原稿の根拠、あるいは批判の対象となる部分が音を立てて崩れていってしまった。私の主張が半ば通ってしまう形になったが、受験生たちの混乱を思えば別に勝ち誇る気持ちにもなれない。いまはただ、「だから言ったじゃないか！」と憤るばかりだ。まぁ一方で、連載中に記述式批判をきちんとまとまった分量で書いておいてよかったとも思う。「俺もそう思ってたよ」という後出しじゃんけんのような印象にならないだけ、ましだと思うべきなのだろう。

英語の民間試験導入の見送りが決まった数日後、ある講演会の控室で、私は文科省の中堅官僚と同席した。初対面の方だったが、旬の話題をまったく話題にしないのもおかしいので、「いろいろ大変ですね」と声をかけたところ、即座に「大臣が二人辞めたのが痛かったです」という答えが返ってきた。

もう世間では忘れられた話かもしれないが、萩生田大臣の「身の丈」発言から民間試験導入見送り決定までのあいだに、二人の大臣が辞任するという騒動があった。

簡単に時系列で振り返ると、

二〇一九年　九月一一日　第四次安倍（第二次改造）内閣成立
一〇月　一日　消費税を一〇％に増税
一〇月二四日　萩生田大臣の「身の丈」発言
一〇月二五日　菅原一秀経済産業大臣が公職選挙法違反の疑いで辞任
一〇月二八日　萩生田大臣「身の丈」発言を謝罪。翌日には「撤回」明言
一〇月三一日　河井克行法務大臣が妻の選挙運動の不正疑惑で辞任
一一月　一日　萩生田大臣、英語の民間試験導入の見送りを発表

さらに言えば、くだんの「桜を見る会」問題が大きく広がるきっかけとなった田村智子議員の国会質問が一一月八日。ただし、この質問は本来、一〇月三一日に行われることになっており内容の通告も済まされていた。一つ一つの事象は大きな事柄ではなくても、全体がボディーブローのように効いてきて内閣の支持率を下げることは目に見えている。まして萩生田大臣は安倍首相の側近中の側近と呼ばれる人物だ。混乱の中で辞任に追い込まれるようなことがあっては、内閣に大打撃となる。とにかく火種は元から消そうということで民間試験の導入は見送られた。

驚くべきことに、ここには教育政策としての議論は何もなかったのだ。記述式試験の導入見送りも、ほぼ同様だった。あとに述べるが、記述式導入の是非が問われたのではなく、採点の不正確さなど制度設計の問題が取り沙汰され、半ば政争の具となって見送りが決まった。

この一連の出来事は、いくつかの意味で、今回の大学入試改革を象徴する出来事となった。たしかなデータなどに基づかないどころか、教育政策としての深い議論もなしに（あるいは途中ではそれがあったにしても、実現段階であっけなく無視される形で）、場当たり的にさまざまな事柄が決まっていった。

さらに教育は、専門家でなくても、それぞれが一家言あるので、ただでさえ政策が迷走しやすいのだが、ギリギリの最終局面では与野党・政財界入り乱れて、何を議論していいのかさえわからない状態になった。

大学入試改革とは何だったのか？

とりあえず、この第一章では、まず最初に今回の大学入試改革の経緯と理念について復習も兼ねてたどっていきたいと思う。

二〇二一年の一月、現行のセンター試験が廃止され、いわゆる共通テストが開始される。だが、改革されるのは本来、この全国共通の試験の部分だけではなかった。

そもそも、この制度改革は、「高大接続」と呼ばれ、大学入試の改革をテコにして、高校と大学の授業カリキュラムにも変革を迫ろうとする意欲的なものであった。これを称して「三者一体の改革」と言う。

そこで問われていたのは、新しい「学力」観だった。文科省は二〇〇七年、学校教育法を改正し、「ゆとり教育」への批判に応える形で、「ゆとり」か「基礎学力」かという対立を止揚する概念として「学力の三要素」という新しい提言を行った。

学力の３要素
（これからの時代に必要な能力）

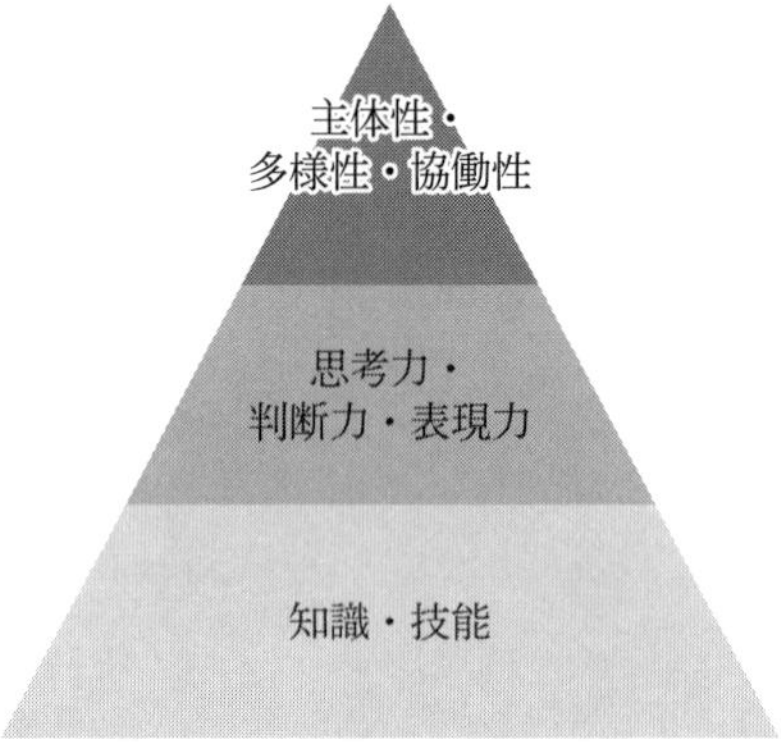

ここで言う三要素とは、次の通りである。

■基礎的な知識・技能
■思考力・判断力・表現力等の能力
■主体的に学習に取り組む態度

また、三項目の「主体的云々」については、二〇一四年に出されたいわゆる「高大接続改革答申」では、「主体性・多様性・協働性」と言い換えられている。

ちなみにこの三要素は、並列のものではなく、図のように「基礎的な知識・技能」（いわゆる基礎学力）の上に「思考力・判断力・表現力」を置き、さらにその上に「主体性・多様性・協働性」を置いている。

今回の大学入試改革は、私の理解では当初、センター試験に代わる共通テストで「基礎的な知識・技能」を問い、「思考力・判断力・表現力」あるいは「主体性・多様性・協働性」については各大学の個別試験に任せるという方向だったと思う。

日本の教育史上初の全国一斉の基礎学力試験である大学共通第一次学力試験（共通一次試験）の実施が一九七九年。この共通一次は一一年間実施された。

次に、私立大学など、すべての大学が試験に応用できることを前提とした大学入学者選抜大学入試センター試験（センター試験）が開始される。このセンター試験は、まさに平成の三〇年を生き抜き、その寿命を終えることになる。

私は今回の入試改革の性格は、各大学が共通の一次試験として使うことになるのだから、「共通一次試験」に戻してもいいのではないかとも考えていた。しかしながら、実際の改革にあたっては、共通テストの中に思考力を測る要素が入り、どうもそこから混迷が始まったように思う。そしてこれまでの混乱は、「身の丈」発言以前から、この共通テストの制度設計ばかりが取り沙汰されてきたことによる。

しかし、今回の大学入試改革の本丸は、各大学が課すべき二次試験（共通テストを一次とするなら）の方なのだ。

共通テストのあとに各大学が課す独自の入試では、先に掲げた「思考力・判断力・表現力」あるいは「主体性・多様性・協働性」までを測るような試験をするように文科省は要請している。また、「大学に入ってからの学びの伸びしろ」、いわゆる潜在的学習能力を測るようにも要請している。

しかし、そもそもこれは無茶ぶりとも言える。「そんなことがわかるなら、高校でやっておいてくれよ」という話なのだが、文科省というのは現場に無茶ぶりをすることで自分の権威を高めようとするような習性があるので、これはまぁ仕方がない。

さて、いったい、そのような新しい大学入試とはどのようなものなのだろうか？「主体性・多様性・協働性」を問うというが、これはどういった意味だろう。多様性とは、多様性に対する理解のことなのか、あるいは入試自体に多様性をもたせよということなのか？主体性と協働性は、時に相反することもあるだろうが、それを同時に見るような試験が可能なのか？

批判をするのは、あるいはツッコミを入れるのはたやすいが、愚痴を言っていても始まらない。私たち大学人は、真摯に、この新制度入試に取り組まなくてはならない。先に私は「無茶ぶり」と書いたが、しかし、この入試改革には、もちろん善きところも多数あるのだ。その点はあとで記すとして、ともかく今は、私が考え、実践してきた未来の大学入試を紹介していきたい。

四国学院大学の入試改革

以下、前著『下り坂をそろそろと下る』にも記した事柄と重複する部分も多いが、大学入試改革に焦点を当てて記述を進める。

私は九年ほど前から、香川県善通寺市にある四国学院大学の客員教授、学長特別補佐を務めている。

善通寺市は人口約三万二〇〇〇人。言わずと知れた総本山善通寺の門前町である。一方、四国学院大学は戦後にできたプロテスタント系の大学だ。弘法大師空海の生地に、ミッション系の大学があるところが面白い。また善通寺市には四国最強をうたわれた善通寺連隊の系譜を引く自衛隊が駐屯し、そのゆえんからか大きな護国神社もある。四国学院大学の裏門と、護国神社の正面が、ほぼ向かい合って位置している。

大学の全学生数は約一二〇〇人。地方都市の典型的な小規模私立大学である。

香川県自体、二〇〇〇年代から人口減少が始まっており、私立大学の経営はどこも厳しい。総理の友だちでもないかぎり、ほうっておけば大学は潰れていく運命にある。何か特色を持たせなければ生き残りは難しい。

四国学院大学は、二〇一〇年から、全国でも珍しい本格的なメジャー（専攻）制度を導入した。もともとリベラルアーツを基本とした大学だったのだが、一〇年よりこれを徹底し、一年次の教養教育を経て、二年次からは学部を越えて、どのメジャーを選ぶこともできる制度を開始した。

さらに二〇一一年からは、このメジャーの中に、中四国地区唯一の演劇コースを開設した。私はその制度設計を任される形で、この大学に呼ばれた。現在、この演劇コースは中四国地区全域はもちろんのこと、青森、福島、佐賀、沖縄など全国から学生を集める人気コースに育っている。

そして、二〇一六年度からは大学入試改革を先取りする形で、新制度入試の前倒し実施を行っている。初年度は指定校推薦を対象に、翌年度からは地方会場の受験者などを除く大半の推薦入試を、この新制度入試（四国学院大学では綜合選考と呼んでいる）で選考している。

ではまず、これまでの問題を紹介する。受験生は、最初に、演劇コースの教員によって緊張をときほぐす（アイスブレーク）ための簡単なコミュニケーションゲームを経験する。そのあとに、以下のようなプリントが配られる。

これから皆さんには、別室に移ってディスカッションドラマを創ってもらいます。ディスカッションドラマというのは、文字通り、ディスカッション（議論）の様子をドラマにしたものです。人の出入りや動きなどは、あまり必要ありません。何についてのディスカッションをするかは、別室に移ってから問題用紙が渡されます。

これは発表の成果を問う試験ではありません。演技のうまい学生が得をするような試験でもありません。ただし、発表についても、あとのインタビューで質問されると思いますので、ベストを尽くして行ってください。

グループワークの時間は六〇分です。部屋には筆記用具が用意してあります。荷物（私物）はこの部屋に置いて移動してください。グループワークの時も発表の時も、部屋の中にある、机や椅子は自由に使ってかまいません。もちろん移動も自由です。審査する教員も動き回りますが、できるだけ気にせずに、グループワークに集中してください。

部屋にあるパソコンは、情報検索のみに利用してください。このパソコンで外部とメールのやりとりをすることはできません。

ここで六人ないし七人のグループが発表され、別室への移動となる。試験会場では、次のようなプリントが配られる。

【問題通し番号 一】
以下の題材で、ディスカッションドラマ（討論劇）を創りなさい。

二〇三〇年、日本の財政状況はさらに悪化し、ついに債務不履行（デフォルト）を宣言する直前まで進みました。日本国政府は国際通貨基金（ＩＭＦ）からの支援を受け入れることとなり、その条件として厳しい財政健全化策をとることとなります。

国際通貨基金からの要請の一つに、多大な維持費がかかる本四架橋のうち二本を廃止し、一本だけを残すという提案がありました。

関係各県を代表して、どの橋を残すかを議論するディスカッションドラマを創りなさい。登場する県は、香川県、徳島県、愛媛県、兵庫県、岡山県、広島県になります（六人の班の場合は、県を一つ減らしてください）。他に議長役を一人登場させてください。

各県の代表は自分の県に関係する橋を残すための意見を主張するとともに、他の県、他の橋について的確な攻撃を加えてください。その攻撃に対して、さらに反論も考えてください。また議論の最中に、妥協案を提案する県や、態度を変更する県があってもかまいません。

最後に結論を出す必要はありません。

誰が、どのタイミングで発言すると面白くなるかをよく考えて、発言の順番を決めてください。

発表の時間は、八分から一五分としてください。発表の際には、部屋にある画用紙を使って名札を作り、各県の名前を書いてください。

【問題通し番号二】

以下の題材で、ディスカッションドラマ（討論劇）を創りなさい。

先日、ＴＰＰ（環太平洋パートナーシップ協定）が、長い交渉の末、大筋合意に達しました。しかし、この協定に関しては、国内にも賛否両論、さまざまな議論があります。ＴＰＰに関して、それぞれの利害関係者を代表する登場人物を考え、この協定を巡るディスカッションドラマを創りなさい。登場する人物は、たとえば、

・ＴＰＰ反対の農業関係者
・ＴＰＰに条件付き賛成の農業関係者
・ＴＰＰ賛成の企業
・ＴＰＰ反対の企業
・ＴＰＰに条件付き賛成の企業（複数でも可）
・アメリカ人、オーストラリア人、ベトナム人など各国の人
・その他

他に議長役を、必ず一人、登場させてください。（以下、問題一とほぼ同じ）

【問題通し番号三】
以下の題材で、ディスカッションドラマ（討論劇）を創りなさい。

二〇二〇年の東京五輪では、追加種目が認められることになっており、現在、五つのスポーツが候補として残っています。この中から国際オリンピック委員会（IOC）が種目を決定します。その交渉の過程をディスカッションドラマにしなさい。登場する人物は、各競技の団体の代表者、

・野球、ソフトボール
・空手
・ローラースポーツ（スケートボード）
・スポーツクライミング
・サーフィン

他に議長役を、必ず一人、登場させてください。これまでの選考の過程で候補から落ちた他の競技を登場させてもかまいません。（以下、問題一とほぼ同じ）

なおこの試験は、すべてがディスカッションドラマを課しているわけではない。たとえば以下のような設問もあった。

【問題通し番号四】

「桃太郎」を題材にして、紙芝居を創りなさい。小学校二年生くらいを対象として想定してください。

内容を現代風にアレンジしてもかまいません。特にラストシーンが、原作のままでいいのかは、よく議論してください。いまの小学校二年生が楽しめる作品にしてください。

発表の際は、ナレーター、桃太郎、犬、猿、キジなど、それぞれ役を決めて、全員が何かの台詞を言うように構成してください。

六〇分で作品を完成させなければなりません。時間配分や役割分担を、しっかり考えてください。

発表の時間は、五分から一二分としてください。

生徒の本質をつかむ試験へ

四国学院大学の入試制度改革は、ただ単に問題を新しくしただけではない。

先に、この試験では、まずアイスブレークのゲームが行われると書いた。このゲームは、もちろん受験者の気持ちをほぐすのが目的だが、「普通の入試とは違いますよ」と印象づける意味合いも兼ねている。

簡単に言えば、競争的（Competitive）な試験ではなく、集団のパフォーマンスを高めることが目的なのだということを印象づけていく。

実際に、評価の基準も、毎年、事前に公表している。

■自分の主張を論理的、具体的に説明できたか
■ユニークな発想があったか
■他者の意見に耳を傾けられたか
■建設的、発展的な議論の進め方に寄与できたか
■タイムキープを意識し、議論をまとめることに貢献したか
■地道な作業をいとわずに、チーム全体に対して献身的な役割を果たせたか

最初の二つは、先に掲げた「主体性」にあたり、あとの四つは「協働性」を測っている。

これらの指標（毎年、少しずつ変わっている）を、三人の試験官が四段階評価で試験会場ごとに採点していく。最後に試験官同士ですりあわせを行い、グループごとの評価のばらつきがないように総合的な評価を決める。

評価の基準

コミュニケーションゲームが終わると、チームの七人が発表され別室に通される。そこには問題文中にもあったように、ＰＣが二台置いてある。おそらく、全面検索可とした日本で最初の大学入試になったのではないかと思う。

検索は可だが、四国学院大学の入試のポイントは、七人ひと組なのにＰＣは二台しか置いていない点にある。その日に初めて会った一七歳、一八歳の七人が、その中から誰が検索を担当するか、どのタイミングで検索するか、得た情報をどのように使うかを考えなければならない。

また採点する教員の側の基準としては、検索のうまい受験生を高く評価するわけでもない。もちろん検索が圧倒的にうまければ、それも評価の対象とはなる（そもそもがプラスの要素を見いだそうとする試験なので）。しかし、もっとも評価されるのは、「あぁ君、検索うまいね。じゃあ、僕はメモをとるよ」というように自分の役割をきちんと担えた人物なのだ。

この四国学院大学の新制度入試では、多くの設問はディベートのように相手を論破するのではなく、協働して何かを成し遂げられるかどうかが評価の対象となっている。

そもそも、指定校推薦や公募推薦入試が対象となっており、よほどのことがない限り受験生は不合格にはならない（その代わり、試験に対するモチベーションを高め、インセンティブを付けるために、成績上位者には一年次の学費免除などの優遇措置を行っている）。

私が、この改革にあたってまず提言したのは、「そもそもが、ほぼ全入の入試なのだから、生徒の持っている知識や情報の量をはかる試験から、生徒の本質を見極める試験に、試験の概念自体を変えていこう」ということだった。

午後には面接（四国学院大学では、従来の面接と区別するために「インタビュー」と呼んでいる）を行う。実は、午前中のグループワークよりも、この面接が試験の中心となる。

現状、多くの大学のＡＯ入試（総合型選抜）や推薦入試は、書類審査と小論文と面接となっている。しかし従来型の面接では、受験生の本質はほとんどわからない。高校側で、ものすごくしっかりと準備をしてきてしまうからだ。そこに揺さぶりをかけようとして変則的な質問をすると「圧迫面接」といって問題となる。大学側が訴えられたケースも多い。

だが、この四国学院大学の方法ならば、午前中に行ったグループワークについての質問ができるので、準備のしにくい面接となる。その場で考えて答える類いの質問と、ある程度予想可能な質問を交互に設定すると、準備してきた答えにも若干の変化が出ることもわかってきた。要するに、わずかながらでも、その生徒の「素」が見えてくるのだ。

何を見る試験なのか？

よく誤解されるのだが、この試験は、コミュニケーション能力の高いとされる生徒だけが得するシステムでもない。実際、たくさん発言はするが空回りな受験生も多い。リーダーシップを発揮した方がいいだろうと考えて議論を先導し、しかしその能力がないためにグループ全体を迷走させてしまうこともある。

一方で、午前中のグループワークではあまり発言をしなかった静かな生徒が、午後のインタビューで聞いてみると意外としっかり課題について考えていたというケースもある。

繰り返すが、大事なことは、自分の役割をきちんと担えるかという点だ。

この試験結果全体を一人一人のカルテとして記録する。

四国学院大学は少人数教育の大学で、一年次は約二〇人でクラスが編成されている。その担任に、このカルテを渡し一年間の学びの伸びを見る。長所を伸ばし、足りない部分を初年次教育の中で補うようにアドバイスをしていく。また四国学院大学は全学リベラルアーツのシステムを導入しているので、二年次から専攻が決定する。その際に決まったアカデミック・アドバイザーにカルテは受け継がれ、やがてゼミの先生にまで届けられる。

要するに、四年間の学びの伸びを見る出発点として大学入試を位置づけていこうという考え方だ。もちろん、まだ始まったばかりの制度なので、このすべてがうまくいっているわけではない。試行錯誤の中で、大学が、学生一人一人を見つめる教育を始めようとしているのだ。

当初、この新制度入試の試みは、学内でも、あまりにユニークすぎて受験者が減るのではないかと危惧された。しかしながら、実施以降、受験者数は堅調に推移しており、定員を回復した学科もある。

四国学院大学では、ただ試験制度を変えただけではなく、その制度の意味を高校の先生方に繰り返し説明し、公開講座やワークショップも開いて県内外の関係者に理解を求めてきた。文字通り、文科省が目指すところの大学入試をテコにした高大接続による改革を推進してきたのだ。

地方の小さな大学は、人口減少によってどのような努力をしても、もはや飛躍的に志願者を増やすといったことは不可能になっている。資本力にも限りがあるから、大規模宣伝などもできないし、またその効果も薄い。大学の特色を出しつつ、しかも、それを地道に宣伝していくしか道はない。

お茶の水女子大学の例

こういった大学入試改革の前倒し実施は、四国学院大学だけが特例なわけではない。たとえばお茶の水女子大学は二〇一七年度入試から、「新フンボルト入試」と呼ばれる新しい試みを行っている。こちらは図書館等で入試を行う、やはり調べる力を問う試験である。以下、お茶の水女子大学のサイトからの概要の抜粋。

■第一次選考

大学での学びの性質や面白さを体感してもらうために、大学の授業をじかに体験するプレゼミナールを二日間（二〇一九年度からは一日）にわたって実施します。受験者は初日のセミナー受講が必須です。受験者は、セミナー受講後にレポートを作成します。なおプレゼミナールには二年生以上の高校生も参加できます。プレゼミナールのレポート、および志望理由書・活動報告書・外部外国語検定試験の成績などの出願書類を総合的に評価して一次選考合格者を決定します。

■第二次選考

・文系「図書館入試」

二日間にわたって実施されます。一日目は受験者それぞれが附属図書館で文献・資料等を自由に参照しつつ長時間をかけて自分の論を練り上げ、課題についてのレポートを作成します。二日目はグループ討論と個別面接が課されます。その過程で論理力や課題探究力、独創性などのポテンシャルが評価されます。

・**理系「実験室入試」**

志望する学科の専門性に即して、実験、実験演示、実験データの分析や考察、課題の解答を板書しながら説明し質疑する、個別面接、といった学科毎に工夫をこらした課題が課されます。あるいは高校での学びを活かした自主研究課題のポスター発表を行う学科もあります。いずれも受験者の基礎学力や専門分野への関心、自ら探究する力、を見極める入試です。(詳細はお茶の水女子大学入試情報サイトを参照のこと)

あるいは私の母校、国際基督教大学でも、数年前から大学の講義の録音を聞いて、それをノートにまとめ、それから設問が出るという試験を実施している。

いずれも文科省が要請する、大学に入ってからの「学びの伸びしろ」、すなわち自ら学ぶ力や学びを組み立てる力(潜在的学習能力)を問う試験になっている。

第二章　未来の大学入試（二）

大学進学の推移と大学の動向

いったん、問題を整理しよう。

二〇〇〇年代後半から、日本では、大学志願者の総数が、大学の総定員数を下回るようになり、強いこだわりを持たなければ理論上は全員が大学に行ける時代となった。これを「大学全入時代」と呼ぶ。

小泉純一郎政権以降の規制緩和がこれに拍車をかけた。少子化で進学志願者数が減ることはわかっているにもかかわらず大学が粗製濫造されたのだ。結果として、現在、全私立大学の四割が何らかの形で「定員割れ」を起こしており、経営を圧迫している。ただし、ここ数年は、文科省が各大学に入学定員を厳しく守らせる政策を取ったために、その波及効果として一時的に定員割れを回復した大学も多い。ただ、これはあくまで一時的な延命措置であって、これから少子化の波が直撃する数年後からは、受験者数も激減すると予想されている。

長い伝統を持つ大学はそれでも有形無形の資産があり、すぐに潰れるということはないが、一方で地方の新興大学や無理な拡張路線をとった大学では経営危機に瀕している法人も多い。現状でも私大を運営する八〇近い法人が破綻の可能性があるという報道もあった（大阪読売新聞二〇一八年八月二五日夕刊）。一般企業と同様に大学間の吸収合併も加速度的に進むだろうと見られている。

また、地域に大学がなくなると人口減少につながるので、長野県茅野市や京都府福知山市、山口県山陽小野田市のように、私大を買収して公立化を行う自治体も出てきている。

このような危機的状況にあって、多くの大学は、まず場当たり的に生徒の囲い込みに走った。二〇〇〇年代以降、AO入試や推薦入試を活用した、いわゆる「無試験入学」が増加していく。これらの入試も本来「無試験」ではないのだが、従来型の学力試験を経ないでの入学を総称してこのように呼ぶ。現状では、この「無試験入学」の対象が、すでに全私立大学生の五割を超えているとも言われている。

早い大学では夏休み前に合格者を出すところもある。これは決して「底辺校」だけではなく、たとえば慶應義塾大学や中央大学も八月には最初のAO入試などを実施してきた。

どちらかといえば真面目な生徒が（従来型の）一般入試で受験し、比較的要領のいい生徒がAOや推薦入試を利用する傾向があるので、高校三年生の二学期の教室では当然モラルハザードが起きる。すでに進路の決まっている生徒と、これからが正念場という生徒が一つの教室に混在するのだ。

大学側でも混乱が続いている。

まず試験の回数が飛躍的に増えて、ほとんど喜劇のようになっている。地方開催など細かく見ていくと、二〇以上の試験を行っている私学はざらである。ほかの私大が行っていると、いたちごっこのように同じサービスを行わざるを得なくなり過当競争になっている。

大きな資本力のある大学は、大規模宣伝を打つ。首都圏や関西圏の電車に乗れば、車内の広告の半数近くを大学の宣伝が占めている。長引く不況の中で、大学は広告代理店にとって大得意先であった。一般企業に比べてコスト意識が低く、同族など経営形態の古い大学も多い。当然、代理店は群がるように、決裁権を持った人物をさまざまな形で供応するだろう。二〇一八年に起こった日大アメリカンフットボール部の、あの一連の不祥事の、特に後処理のお粗末さの背景には、そのような肥大化しつつ近代化しない日本の大学経営の体質が遠因としてあったのではないかと私は思う。

大学は、とにかくなりふり構わず学生募集に走った。夏休みには、教授、准教授が手土産を持って地元の高校の進路指導の先生方のところへ挨拶に回る。もはや大学が学生を選ぶ時代ではなく、生徒が大学を選ぶ時代になった。

本来のＡＯ入試に

これまで書いてきたように、四国学院大学に象徴される先端的な大学入試は、とても手間のかかるものである。だが私は多くの大学で、「教員が高校に出向いて頭を下げる時間があるのなら、大学入試そのものに手間暇をかけませんか？」と提案してきた。

アメリカでは「アドミッションオフィス」の名の通り、ＡＯ入試は大学の入試管理局が担当する。教員はまったく関与しないか、したとしても最終の口頭試問などに関わるのみだ。

アメリカの場合は、この管理局に大学入試、大学経営のプロが所属し、大学のアドミッションポリシー（自校の理念に基づいた入学者の受け入れ方針）に沿った選抜試験を責任を持って遂行する。日本の大学でも年々、事務方の重要性については理解度が増してきているとはいえ、まだまだ入試は教員の専権事項であり、ＡＯ入試も教員団によって遂行される。それだけではなく教員は、センター試験の試験監督など入試に関するさまざまな業務にも駆り出される。

もう一度まとめると、少子化、入学志願者の減少から、日本の大学は「入りやすさ」の過当競争の道を選んだ。一校一校は部分最適を選んだ結果だから仕方のない点もある。

ＡＯ入試は、その「入りやすさ」の象徴として、青田買いの道具に使われた。本来は、初期の段階でＡＯ入試自体の「質保証」を文科省が行うべきであったのだろう。

二〇二〇年度の大学入試改革の成否は、この形骸化したＡＯ入試や推薦入試を、各大学がどこまで手間暇をかけて、本質的な改革ができるかにかかっている。文科省もそれは承知の上で、今後「ＡＯ入試」を「総合型選抜」、「推薦入試」を「学校推薦型選抜」と名付け、それぞれ、何らかの形での学力試験を課すことになっている。

最先端の入試を作る

私の本務校である国立大阪大学は、二〇一一年、文科省が公募したリーディングプログラムのオールラウンド型に採択された。これは博士課程におけるリーダーシップ教育のプログラムで、ここに選抜された学生は、専門以外の多彩なカリキュラムの講座を受講でき、長期休暇中の海外留学も無償で提供される。さらに手厚い奨励金も用意されている。

大阪大学では、このプログラムの採択を機に、その選抜試験を使って、せっかくならば日本初ではなく、世界最先端の大学入試がシミュレーションできないかと考えた。当時まだ、文科省からは大学入試改革の方向性は示されていなかったが、世界の大学入試が大きく変わっていっていることは誰もがわかっていたし、日本の大学入試がこのままでいいわけがないことも、まともな大学教員なら皆感じていた。

それならば、せっかく多くの研究費を使えることになったのだから、いずれ来るであろう入試改革に備えて、最先端の入試を自ら作り体験してみようではないかと私たちは考えた。そして、その先端的な選抜試験のグループワークの部分を、出題も含めて私が担当することとなった。

そもそも私は、前任の桜美林大学で総合文化学科（現・芸術文化学群）演劇コースの立ち上げに際し、AO入試、推薦入試については、すでにグループワークを採用していた。その実績を買われて私がリーダーに指名された。まず桜美林で行っていた試験は、以下のようなものである。

桜美林大学の場合

二〇〇〇年度の推薦入試問題は、次のような条件の下、その後に掲げた複数のシチュエーションから好きなものを選んで、エチュード（寸劇）を創るという内容だった。

【問題通し番号五】

・話し合いの過程や皆さんの発想も評価の対象になりますから、自分の意見だけを押しつけるのではなく、また他人任せにもしないで、いい作品にするにはどうすればいいかを積極的に話し合いながら作品を創ってください。
・話し合いの時間と、実際の練習との時間配分に気を付けてください。
・先生など、君たちの年齢から離れた役は作らないでください。グループのメンバー全員を登場させてください。
・発表の制限時間は五分です。
・机と椅子は用意してあります。身の回りにある小道具は使ってかまいませんが、できるだけ「無対象演技」（たとえばコップがないのに、あるように飲む）は避けてください。
・発表の際、台詞が覚えきれないときなどは、メモなどを見ながら演じてもかまいません。ただし、決めた台詞にあまりこだわらず、のびのび演じてください。

・自分たちが、ふだん、仲間内でどのような会話をしているか、また他人がそこに入ってきたときに、会話の内容がどのように変化するかを考えながら創作してください。
・登場人物、配役を先に決めた方がいいでしょう。
・参考プロットはあくまで参考ですから、この通りに進める必要はありません。ただしあまり時間がないので、話し合いのたたき台として参考プロットを利用するといいでしょう。
・はっきりした「オチ」はなくてもかまいません。発表の際は、終わったときに「終わりです」と言ってください。

（シチュエーション1）

高校のクラブの部室に、新入部員がやってくる。

■ 課題

・何部でも構わないので、何部かが台詞によってわかるようにする。
・新入部員（一年生）、二年生、三年生を必ず登場させる。
・部員たちの中に必ず、クラブ活動や恋愛、進路などで問題を抱えている人を登場させる。

■参考プロット

①部室で、数人が、普段の日常会話をしている。誰かが抱えている「問題」が、少し明らかになる。

②そこに新入部員がやってくる。部についての説明など。

③遅れて、他の部員がやってくる。「問題」が少しふくらむ。

④新入部員退場。

⑤再び日常の会話に戻る。

（シチュエーション2）

高校の生徒会役員室に、あるクラブから予算を増やしてくれと頼みにくる。

■**課題**

・何部でも構わないので、何部かが台詞によってわかるようにする。

・一年生、二年生、三年生を必ず登場させる。

・生徒会の役員の中でも、意見の対立が起こるようにする。

■**参考プロット**

①生徒会室で、数人が、普段の日常会話をしている。誰かが抱えている「問題」が、少し明らかになる。

②そこにクラブの代表がやってくる。予算についての説明など。

③遅れて、他の役員がやってくる。「問題」が少しふくらむ。

④クラブ代表退場。

⑤再び日常の会話に戻る。

（シチュエーション3）

友達同士で行く卒業の記念旅行に、一人だけ妹（あるいは弟）を連れてくる。

■**課題**

・場所はどこでも構わない（汽車の中、ペンションのロビーなど）が、そこがどこであるかが、台詞によってわかるようにする。

・卒業する人間の中に恋愛や進路など問題を抱えた人、あるいは恋愛関係を入れる。

■参考プロット
①数人が、普段の日常会話をしている。誰かが抱えている「問題」が、少し明らかになる。
②そこに妹（あるいは弟）を連れてきた人間が登場。なんで弟妹を連れてきたかの説明など。
③遅れて、他の生徒がやってくる。「問題」が少しふくらむ。
④誰か一人退場。
⑤再び日常の会話に戻る。

（シチュエーション4）

自殺した高校の同級生の葬式の帰り。一人だけ、その生徒の中学時代の友人Aが交ざっている。

■**課題**
・場所はどこでも構わない（電車の中、ファストフードの店など）が、そこがどこであるかが、台詞によってわかるようにする。

・同級生たちの中で、友人Aを知っている人と知らない人がいるように設定する。

■参考プロット

①数人（Aを含む）が、今日の葬式についての話をしている。さほど深刻ではない。
②そこに遅れて一人登場（Aのことは知らない）。Aの紹介など。
③誰かが先に帰る。少し話が深刻になる。
④Aも帰る。
⑤日常の会話に戻る。

これは演劇コースの出題であったが、グループワークの本質は変わらないだろうと私は考えた。

大阪大学リーディング大学院選抜試験

年度によって変更があるが、大阪大学大学院リーディングプログラムの選抜試験は、ほぼ次頁の図のようなものだった。

厳密に実際の問題通りではないし、年度によっては図のように三日間の場合もあれば二

大阪大学・リーディング大学院選抜試験 (2010 年度)

	1日目	2日目	3日目
午前	集合 オリエンテーション	ディスカッション	演劇創作 発表
午後	アイスブレーク 資料読み込み 小論文	演劇創作 (口頭試問)	最終面接
夜	演劇創作	演劇創作	

日間の場合もあったが、たとえば二〇一〇年度は以下のような進行となった。

まず書類で四〇人前後に絞られた志願者（合格予定数は二〇名）が午前中に大阪大学豊中キャンパスに集合する。バスでホテルに移動して簡単なオリエンテーション、特にこの試験の趣旨に関する説明を受ける。その後、昼食。

私が行う簡単なアイスブレークのコミュニケーションゲーム。休憩を挟んで、臓器売買に関する数々の資料（英語を含む）が配られ、それを一時間半で読み込んでノートをとる。次に臓器売買についての小論文を書く（同じく一時間半）。

夕食後、八人一組のグループが発表されて、演劇創作開始。この年の課題は、

■臓器売買に関するステークホルダー（関係者）を洗い出してディスカッションドラマを創る。

というもの。まず「場所（空間）−背景（時間）−問題（運命）」を設定し、次に登場人物を考える。一つ一つの段階で私のＯＫが出ないと次のステップには進めない。

場所は、中核に共同体があり、そこに出入り自由な空間
背景は、より出入り自由な時間や状況
問題は、共同体が直面する運命

といった解説をする。この設問に沿って例を挙げるなら、

場所−地方議会議員の選挙事務所
背景−告示の前の日
問題−候補者の子どもに適合する臓器の提供者が親戚の中から見つかったのだが、提供者が反社会的勢力と結びついていて、あとで問題になる可能性がある

といったものになる。この日は夜一〇時くらいまで演劇のグループワーク。

翌朝、昨晩とは別の六人一組のグループが発表され、前日に書いた小論文を相互に読み合った後にグループディスカッション。最後に、ニューヨークタイムズに臓器売買についての意見広告を出すというタスク（課題）をこなす。

昼食を挟んで午後は、昨晩に引き続き演劇を創るグループワーク。しかし、その間に一人ずつ呼び出されて小論文とグループディスカッションに関する口頭試問を受ける。この口頭試問のために、試験官の教員たちは昨晩のうちにそれぞれの面接対象者の小論文を読み込んでおく。

夕食後は一〇時まで引き続き演劇のグループワーク。この間、各グループとも、二回だけ私の指導を受けることができる。どこでそのカードを切るかも、グループごとの判断に任されている。

三日目は、朝から演劇の最後の練習をし、一一時から発表を相互鑑賞。さらに私からの講評や解説を聞く。

午後、一人一人が最終面接を受ける。今後の大学院生としての研究内容から、今回の試験全体を通じて自己が課題と感じたことなど、あらゆる角度からの質問を、比較的長時間にわたって聞くことになる。

実は試験官の側は、前日、深夜までミーティングを行っている。それまでの小論文、グループディスカッション、中間口頭試問、演劇創作のグループワークについて採点を行い集計して四〇人の採点一覧を作り、特に合否のボーダーラインの学生については定性評価を行う。面接官やグループワークに張り付いていた試験官から、それぞれの学生の長所や短所の報告を受け、三日目の最終面接で質問するポイントを定めておく。

最終日は学生を解散させたあと、試験官全員で最後の判定会議を開き熟議の末に合格者を決定する。

宇宙兄弟

この試験は、これまでも述べてきたものと同様に、受験生の多様な資質をさまざまな角度から問うものになっている。文科省が求める「主体性・多様性・協働性」の他にリーディング大学院なのでリーダーシップや、それを補佐するフォロワーシップも問われる。

しかし私が何よりこの選抜試験で問いたかったのは、このように右脳と左脳をシャッフルするように使いながら、あるいは集団の作業と個人の作業を交互に挟みながら、それでも論理的な思考が保てるか、批評性が保てるかという点だった。単なるロジカルシンキング（論理的思考）、クリティカルシンキング（批判的思考）ではなく、それがどのような局面においても「発揮できる」かを測る試験を作りたかった。

さらに言えば、毎日一〇時間以上の作業を続ける中で、それでも人の意見に耳を傾けられるか、他者にやさしく接することができるかといった人間性の側面も測りたいと考えた。

このリーディング大学院プログラムは、合格すれば途上国にフィールドワークに行くといった課程が多く用意されていた。そういった場では、主体性や協働性といった能力を保持していることは当然だが、どのような局面においてもその能力が発揮できるという「実現可能性」も問われるだろう。

さて、私はこの選抜試験の開発に当たって、海外の多くの大学の最先端の入試を参考にした。たとえばオックスフォード大学は面接試験で「過去に戻れるとしたらいつにするか？」「なぜ世界政府はないと思うか」などと尋ね、ケンブリッジ大学も「歴史は次の戦争を止め得るか」「火星人に人間をどう説明するか」といった質問をしたことがあるという（『あなたは自分を利口だと思いますか』ジョン・ファードン著、二〇一一年、河出書房新社）。しかし、「どのような局面においても能力が発揮できるか」を問う試験を行っている大学は寡聞にして見つけることができなかった。私はどうせならオックスフォードやケンブリッジを超える世界最先端の入試を作りたいと考えた。

そこで私は、この選抜試験実施のための最初のミーティングで、そこに集まった大阪大学の精鋭の教員たちに、「『宇宙兄弟』という漫画があるのですが、これを全巻買って読んでください」とお願いした。

映画化もされたのでご存じの方も多いかと思うが、『宇宙兄弟』（小山宙哉作、講談社）はJAXA、NASAの宇宙飛行士を選抜し育成していく過程が描かれた漫画である。

従来型の入学試験では、その時点での生徒・学生の持っている知識や情報の量を測って、たとえば上から二〇番までが合格、二一番以下は不合格としてきた。しかし、JAXA、NASAの選抜試験はそれとは異なる。お互いの命を預け合えるクルー（＝仲間）を集める試験である。

そこでは当然、いろいろな能力が要求される。共同体がピンチの時にジョークを言って和ませられるか。明晰な解析力でピンチの本質を整理できるか。斬新な意見で共同体をピンチから救えるか。しかし、どんなにいい意見を言っても、日頃から地道な手作業などに加わっていないと信頼されない、などなど。

また、宇宙空間で生き抜ける強くしなやかな共同体を構成するための試験であるから、いろいろなメンバーが必要となる。プロ野球でさえ、読売巨人軍のようにお金の力だけで四番バッターばかりを集めても勝てるものではない。ホームランバッターも欲しいが、足の速い選手、バントのうまい選手、左の変則ピッチャーといろいろな個性がそろっていなければチームは強くならない。

おそらく、今後、日本の大学の入学者選抜もこのような、クルーを集めるタイプの試験に変わっていくだろうと予想されている。

「何を学ぶか」から「誰と学ぶか」へ

現在、ハーバード大学やＭＩＴ（マサチューセッツ工科大学）あるいは日本でも京都大学などが、講義内容のインターネットでの公開を始めている。これは、ＭＯＯＣ《ムーク》（Massive Open Online Course）と呼ばれ、多くの場合、インターネット上で誰もが無料で、その講義を受講することができる。コースによっては修了証が授与されるものもある（このＭＯＯＣ自体もすべてが成功しているわけではないが、その議論はここではおく）。

これは一見、不思議な事象だ。学生は厳しい受験競争を勝ち抜き、また高い授業料を払っているのに、そこでの授業はインターネットでも見られるのだ。しかし、世界のトップエリート校ほど、このような授業の公開に踏み切っている。

かつては、たとえば熊本の若者なら福岡まで出て行かなければ得られない知識や情報があった。あるいは京都、東京まで出て行かなければ得られない知識や情報もあった。そして、苦労してそれにアクセスできた人間だけが、学歴やある種の資格を獲得して、その恩恵を人生全般にわたって享受することもできた。

しかしインターネットの時代には、単純な知識や情報は世界共有の財産となる。ネット社会は情報を囲い込むシステムではない。情報をできるだけオープンにして、そこに集まってきた人たちに広告を見せることで、ほとんどのネット産業は成り立っている。

このわかりやすい例は、実は受験産業なのだ。過去一〇年ほどで、地方の高校生の受験勉強は様変わりした。小さな予備校は次々に潰れ、受験生たちはインターネットを通じて、林修先生などカリスマ講師陣の授業を受けている。もちろんこれらは課金がなされている。しかし、これを囲い込むことは不可能だ。隣に友だちがいて「おい、おまえのところ貧乏で見られないんだろう。一緒に見ようぜ」と言ってしまえばおしまいだから。

もはや情報を囲い込むことはできない。知識や情報を得るコストは、時間的にも経済的にも急速に低減した。

そのようなネット時代を前提にして、しかしそれでも、ハーバードで一緒に議論をすることに意義がある。ＭＩＴで、ともに学ぶことに意義がある。いや、もはや、そこにしか大学の意義はないと、世界のトップエリート校ほど考えている。

だからそこでは、「何を学ぶか？」よりも「誰と学ぶか？」が重要になる。それは学生の質の問題だけではない。教職員も含めて、どのような「学びの共同体」を創るかが、大学側に問われているのだ。

実際、日本でも、表面上とはいえ、かつての大教室での一方的な授業は一掃されつつある。形だけでも質問票を配ったり、グループディスカッションの時間をとったりして、授業をアクティブ化する試みを各教員が行っている。そのようなことが教員の評価に直結する時代になってきたからだ。

文科省は、大学におけるすべての授業をアクティブラーニング化するように求めており、そのような努力を大学評価の大きな軸としている。

だが、ここに一つ、大きな問題がある。

多様性を確保するための入試

たとえば日本で最も改革の進んでいる国立大学の一つである東京工業大学を例に考えてみる。東工大は特に大学一年生のいわゆる「初年次教育」に力を入れており、入学直後の四月から六月に「立志プロジェクト」という授業を展開している。私も毎年呼ばれるのだが、まず、各分野の専門家から九〇分の特別講義を受ける。それをクラスに持ち帰って四、五人のグループでディスカッションを行い発表もする。一方で、二〇人前後で一クラスのユニットが形成され担任も配置されており、そこでは毎週のように読書会などが開かれている。

さて、このようにアクティブラーニング化が最も進んだ東工大だが、独自の悩みも抱えている。それを担当教員たちは「東工大の八・七・六問題」と呼んでいた。

八・七・六とは、学生の、

■八割以上が男子
■七割近くが関東圏の出身（東工大は大学の質が高い割に関西での知名度が低い）
■六割が中高一貫校出身

という現状を指している。こんな偏った学生の構成では、授業をアクティブ化しディスカッションを導入しても、結局、同じような意見ばかりが出てしまう。

文科省が掲げる新しい学力観の中の「主体性・多様性・協働性」における多様性とは、個々の生徒・学生側の能力だけの問題ではない。大学自体にも多様性の確保が急務となっているのだ。

大学入試制度改革、とりわけ、これまで示してきたようなユニークな問題を持ち出すと「それで公平性が確保できるのか?」「どうやってきちんと評価するのか?」という問いかけが必ず出てくる。「これまでの学力試験は努力した人間が報われる最も公平な制度だ」と公言する人も未だにいらっしゃる。

しかしこれは、そもそもの前提が間違っている。もはや大学は、従来型の「公平性」など求めていないのだ。大学入試であるから、「公正性」は必要だろうが、厳しい「公平性」はもはや必要とされていない。

後述するが、私は英語の民間試験導入は見送る必要はなかったと考えている。これは、あまりに厳密な「公平性」を要求する日本人の気質が問題を肥大化させた面があることは否めない。いろいろな試験があっていい。それを組み合わせて評価を下すのは大学側の仕事なのだ。

従来最も評価されてきた「努力」も、人間の能力の一つの側面に過ぎない。もちろん、こつこつと努力を積み重ねるタイプの人間も世の中にいてもらわなくては困る。しかし努力は苦手だがアイデアは素晴らしい人間も必要だし、その中庸をとるコーディネーター的な能力も大事だ。

日本の大学の生き残りのために

一つの尺度で一つの能力だけを測る試験から、多様な尺度で多様な能力を見る試験へ、さらには共同体の多様な構成員を決めていく選抜へ、日本の大学入試も、いずれ、そのように変化をしていくだろう。

いや、今回の大学入試改革の本質も実はそこにあったはずなのだ。しかし、この点に関しては、もう多くの人が語らなくなってしまっている。大学入試改革構想の初期段階の志を、忘れてしまったのか、あるいは忘れたふりをしているのか。

近年のノーベル賞の連続受賞にみられるように、過去の遺産を食い潰しながら、日本の大学人たちはかろうじて世界水準の研究を続けている。しかし、日本の大学がアジアの中でも相対的に競争力を失っていくだろうことは誰の目にも明らかだ（世界標準の大学ランキングに一喜一憂することにも注意が必要だろうが）。

世界の潮流から見て、日本の大学が生き残っていくためには、学内に多様性を確保し、常に「新しい学びの共同体」を創っていく以外に道はない。いくら授業をアクティブラーニング化しようが、英語での講義を増やそうが、学生の構成自体を変えなければ改革は絵に描いた餅に終わってしまう。

文理融合の試験

大阪大学リーディング大学院の選抜試験は、何も演劇をやらせるだけではなかった。たとえば過去には、以下のような問題も出題した。

【問題通し番号六】

■映画を創らせる試験

一、シナリオ、絵コンテの作り方を伝授する。その際に、この試験の条件として、以下

の二つを示す
・撮影は会場となる宿泊施設内で行うこと
・撮影は順撮り（実際の作品の時間経過のままに撮影をしていく方法）で行い、編集はしないこと
二、シナリオ作成とロケハン（撮影場所を決める取材）を繰り返す
三、シナリオにＯＫが出たら絵コンテ（実際の画面を絵で描く）を制作
四、絵コンテにＯＫが出たら、動画機能付きのデジタルカメラを各チームに一台渡して撮影
五、全チームで鑑賞会を行い講評

この試験はグループワーク、特に作業分担などの能力を見る点では非常にすぐれていた。

【問題通し番号七】

■ 紙芝居を創らせる試験

朝永振一郎先生が一九四九年に書いた、光の性質を説明するための戯曲『光子の裁判』

と、最先端の量子力学などの資料を提供する。スーパーサイエンスハイスクールの高校二年生を対象として想定し、光の性質を説明する紙芝居を創らせる。

光の性質を説明するのには、論理性だけでは不十分である。だからこそ朝永先生も、これを戯曲という形にしたと思うのだが、そこに思い至ったグループは残念ながら皆無だった。志願者は理系と文系がいるのだから、文系の学生が「何が、どうわからないのか？」を積極的に発言することで紙芝居の精度は増したはずなのだが、試験中に「わからない」と発言することはマイナスと感じているのか、文理融合の強みが発揮できるグループは少なかった。

演劇を試験にした年でも、さまざまな課題を出してきた。

ある年は、兪炳匡《ゆうへいきょう》先生の『「改革」のための医療経済学』（二〇〇六年、メディカ出版）という二六三頁にわたる単行本を一冊ずつ各自に渡して、その中から一章を選び、それを題材にしてディスカッションドラマを創るという課題。これは、まったく専門外の大量の資料を渡されたときに、直感的に自分と関係のありそうなところを選び取る能力を見る試験だった。

この試験は、一見、医療系の学生が有利なように見える。しかし、この著作には、在日韓国人でご両親が大阪の地域医療に従事してきた兪先生が、現在のアメリカ型の医療「改革」に警鐘を鳴らしているというバックグラウンドがあり、そのことは「あとがき」を読むとわかるようになっている。私は文系の学生から、そういった視点が出てくるといいなと思ったのだが、「あとがき」を読んだ学生は一人もいなかった。どの章に取り組むかが課題だったために直線的に内容だけを読んでしまったのだろう。

他にも「子宮頸がんワクチン問題の資料を読み込み、ステークホルダーを洗い出してディスカッションドラマを創る」「がん告知と終末医療の問題について家族のドラマを創る」といった課題があった。

進路指導がやりにくくなる

先にも書いたように、このような試験問題を作るために、私自身、世界各国の大学の試験問題を研究してきた。ここで共通して言われるのが、「このような試験問題、すなわち受験準備のできない問題を毎年考えるのが難しい」という点である。余談だが、国立大学の文系廃止といった馬鹿げた議論が未だに飛び交っている。しかし文系を廃止してしまって、いったい誰がこのような問題を作るのだろうか？

それはともかく、「受験準備のできない問題を毎年考える」ということは、高校側からすれば受験準備、進路指導がやりにくくなるということだ。

これまでは「○○大学に入るなら英単語は三〇〇〇覚えておけ。××大学なら四〇〇〇、△△大学なら五〇〇〇だぞ」と教師に言われて、それを信じて勉強し全国統一の模擬試験を受け、「A判定・B判定・C判定」という判定が出た。さらに進学校には進路指導のうまい先生がいらっしゃって、「じゃあ、おまえここ第一志望な、ここ滑り止めで、とりあえずもう一校くらい受けておくか」というように受験校を決めてきた。

しかしこれまで見てきたように、たとえば「レゴで巨大な戦車を作る」（これは数年前に類似の問題が東京の私立中学でも出題された）という試験にA判定もB判定もないだろう。まったく予測不可能な、準備のしようのない試験になるということなのだ。

一時流行った言葉を使うなら、それは「地頭《じあたま》」を問うような試験と言い換えてもいい。一、二年間の受験準備では太刀打ちができず、逆に子どもの頃から少しずつでも、こういったグループワークに慣れている生徒が有利になる試験だ。

変わりたくない人たち

「少しずつでも」と控えめに書いたのには理由がある。

文科省が今般の大学入試改革を言い出す以前、もう一〇年近く前から、私は、おそらくこれからは、こういった主体性や協働性が必要となっていくし、試験制度も変わっていくのではないかと語ってきた。そのようなシンポジウムにも幾度となく呼ばれた。

もちろん、こういった改革に反対の方もいらっしゃる。ただし、その論調で論理的なものはあまり聞いたことがない。反改革派の方々は口々に「受験勉強にもいい点がある」と言う。それらはいろいろと理屈はつけても結局のところ、「達成感が得られる」「根性がつく」「集中力が養われる」といった、「それは部活でも、他の場所でも養えるんじゃないかな？」と思えるものが多い。

たしかに従来型の受験勉強で救われる人もいるのだろう。だがそれは改革自体を阻む理由にはならない。

これまでも書いてきたように、「努力」や「根性」「従順さ」も大事なのだろうが、それそのものが、もはや人生の中で優先順位が低くなってしまっている。先に掲げた「主体性」「多様性」「協働性」などの方が、二一世紀の日本社会と国際社会を生きる上では、少なくとも同等か、それ以上に必要なものとなっている。人生にとって必要な能力自体が変化しているのに、受験がそのままでいいわけがない。

二〇一五年に行われた、ある教育改革のためのシンポジウムの席では、地方の某有名進学校の進路指導の先生が、あからさまに怒り出してしまったこともあった。曰く「受験制度はそう簡単に変わらない。文科省はいろいろ言い始めているが変わるわけがない」。だが、その理由は何度聞いても「いままでも変わらなかったから」という一点なのだ。

おそらく、この人たちは変わりたくないのだろうと私は思った。

いまは大学が受験生を選ぶのではなく、高校生が大学を選ぶ時代になっている。以前にも書いたように、夏休みに教授たちがかり出され、地元の高校の進路指導の先生に「生徒をよこしてください」と頭を下げて回る大学も多い。不正とまではいかなくとも、それなりの供応もあり得るだろう。進路指導の先生方には居心地のいい状態となった。

もちろん、ほとんどの先生方は生徒思いであり、進路指導においても、少しでもその生徒に合った大学を選ばせたいと情熱を傾けている。その情熱に疑いはないのだが、しかし人間は、自分も気がつかないような既得権益の座についたときが一番やっかいだ。無意識にその地位を守ろうとし、その正当性の理由を無理にでも探そうとするから。

変われないのではない。変わりたくないのだ。

教員個々は多様である。

アクティブラーニングを標榜し、ITなども活用しながら、どこか空回りしてちっとも生徒の関心を引きつけられない授業もあれば、従来型のチョーク一本で教え込むタイプの先生の中にも素晴らしい方もいる。私は、そういう従来型の先生方も、いわば絶滅危惧種であるが大事にした方がいいと思う。おそらく将来、IT化が進めば進むほど、そのような方々の教授法から学ぶ部分も、かえって出てくるだろうから。

しかし改革の流れを大きく引き戻すことはできないだろう。社会が、世界が、そのように変化している以上——。

どうなるかはわからない

さて、では、「変われない」「変わりたくない」という教師には、どのように対応するべきなのだろう。

私は名より実を取るタイプなので、受験勉強原理主義のような人々を説得するのは諦めて、いまの改革路線に多少の疑問と不安を抱いているいわば中間層の教員に、以下のように訴えるようにしている。

「基本は、おそらく基礎学力です。七割方は従来型の基礎学力と言ってもいい。いくら改革が進んでも、とりあえず、しばらくの間は英単語も年号も覚えなければならない。またそれを覚えることに、多少の意義もあるでしょう。しかし、特に二〇二〇年以降、残りの三割で大きな差がつく時代が来ることは間違いない。しかも、この三割の部分は、小さい頃から少しずつ身につけておかないとなかなか定着しない。だから初等中等教育の重要性が増してきます」

では実際に、どれくらい「変わる」のかというと、これが誰にもわからない。文科省は当初、二〇二〇年度に行われる入試では、六割程度が何らかの形でこの新制度を導入するのではないかと考えていたようだ。まず、何をもって「導入」というかの基準が曖昧だが、これまで紹介してきたような手間暇をかけた新しい入試を実施できるのは、現実には総受験者数で見ると多くても二割から三割にとどまるのではないだろうか。入学定員が五〇〇〇人を超える規模の大きな大学では、このような時間のかかる入試を、すぐに全面実施するのは物理的に不可能だからだ。

文科省は、入試改革の進捗度合いによって補助金の額を増減するといった飴と鞭の政策をちらつかせてきたので、おそらくマンモス大学は一部のＡＯ入試などを改革し、その枠を広げることでとりあえず改革の姿勢を示すことになるだろう。

これまで紹介してきたお茶の水女子大学や国際基督教大学のように、比較的所帯が小さくて教員団の優秀な大学なら、入試改革を全学的な取り組みとして進めることもできる。だが残念ながら、日本の多くの大学は長年規模の拡大を是としてきてしまったために、小規模で優秀な大学が、諸外国に比べても極端に少ない状態になっている。

あるいは四国学院大学のように、学長の強いリーダーシップで改革が進む大学も、ごく稀にあるだろう。

国立大学は、二〇二一年度以降は入学者の三割程度をＡＯ入試などの特色ある方法で選抜するとしている。だが大きな国立大学ほど学部ごとの独立性が強く、全学一体での改革が進まないのも実情だ。

では、どうすればいいのか？

問題は山積していて、未来を見通すことはできない。では、どうすればいいのだろう。

私は、新制度入試の対象になる高校生やその保護者たちには、以下のように話すようにしてきた。

「未来のことはわかりません。数年先の二〇二〇年以降のことさえ、よくわかりません。しかし、わからないなりに、三つだけ言えることがあるかと思います。

まず、もしいまの時点で、日本の未来はこうなります、だから教育もこうなりますと簡単に断言するような人がいたら、怪しいと思ってください。

もう一点、そうは言っても大学入試改革が進んでいる大学は、比較的信用できると思ってください。入試改革は全学的に進めるしかないので、学長の強いリーダーシップや全教員の質が問われます。これにきちんと取り組んでいる大学は、とりあえず、しばらくは大丈夫な大学と考えていいでしょう。

■アドミッションポリシーがしっかりしているか
■そのアドミッションポリシーに合った入試制度になっているか
■その入試に、きちんと手間暇をかけているかなども重要なポイントになってきます。過渡期ですから、入試改革に真摯に取り組んでいるかどうかは、実は大学全体の将来に対する態度を表すことになるからです。

そしてもう一つ、一番大事なことは、おそらくこれまでのように「偏差値で入れそうなところに入る」ような大学進学は意味をなさなくなるということです。

ぜひ、大学の質を見極めてください。

小さくて無名でも改革の進んでいる大学もあります。大きくても、その大きさゆえに改革の進んでいない大学もあります。

また、皆さん一人一人の向き不向きもあります。しばらくは従来型の受験システムも残ります。自分はコツコツと努力を積み重ねるタイプだと思うなら、そちらを選択すればいい。部活の部長さんタイプ、面倒見がよかったり、人の意見をよく聞けたり、あるいはユニークな発想ができたりする人は、高校一、二年生でも、いまから少しずつＡＯ入試対策をしていってもいいかもしれません。

表面的な志願者数の増加や、就職率など外形的な数字にごまかされず、初年次教育や、途中での学部学科の変更が可能かなど細かい制度設計がなされているか。要するに教えやすいような制度ではなく、学びやすい制度になっているかどうかもよく見てください」

第三章　大学入試改革が地域間格差を助長する

身体的文化資本

これからの大学入試は（うまく進めば）、一、二年間の受験準備では太刀打ちできない、いわゆる「地頭」を問うような試験に変わっていく。このこと自体は、決して間違った方向性ではない。

こういった能力のことを社会学の世界では「身体的文化資本」と呼ぶ。

「身体的文化資本」およびその格差の問題については、内田樹《たつる》氏が著作のなかで再三触れていらっしゃるし、私もそれを引用する形で幾度も取り上げてきた。しかし、この身体的文化資本の格差の問題が、実は今回の大学入試改革に関連する諸問題の最も重要な核となる部分なので、前著との重複を恐れずに、改めて詳しく触れておきたいと思う。

この「文化資本」という概念はフランスの社会学者ピエール・ブルデューによって提唱された。まず、「文化資本」は細かく、三つの形態に分類される。

一、「客体化された形態の文化資本」（蔵書、絵画や骨董品のコレクションなどの客体化した形で存在する文化的資産）

二、「制度化された形態の文化資本」（学歴、資格、免許等、制度が保証した形態の文化資本）
三、「身体化された形態の文化資本」（礼儀作法、慣習、言語遣い、センス、美的性向など）

一は、お金で買うこともできる。もちろん何を買うかのセンスは問われるし、親から譲られるものが多く含まれる点では、ここでも格差は歴然と存在するが、財力などによってのキャッチアップ（追いつくこと）も可能である。

二は、成人になってからでも、本人の努力によって獲得可能な部分が多い。この点も、そもそものスタートラインが違うという経済格差の問題はあるが、後述する身体的文化資本に比べれば、まだ努力のしがいのある領域ということになっている。

問題は三の身体的文化資本である。

この身体的文化資本を「センス」と言ってしまうと身も蓋もないが、「さまざまな人々とうまくやっていく力」とでも言い換えれば、それが二〇二〇年度の大学入試改革以後に求められる能力に、イメージとして近づくだろうか。これまで述べてきた「主体性・多様性・協働性」はいずれも、この身体的文化資本に属する。これを、これまで使われてきた言葉で言うなら、広い意味での「教養＝リベラルアーツ」と呼んでもいい。

ブルデューが挙げたのは、美的感覚や感性を含むセンスやマナー、味覚あるいはコミュニケーション能力などだが、私は最近、これに加えて、人種や民族、あるいはジェンダーや性的少数者に対しての偏見がないかどうかも含めて説明している。

たとえば少し極端な事例になるが、男尊女卑傾向の強い家庭に育ち、父親の影響を強く受け、さらに、中高一貫の男子校に進学した一人っ子の男子を考えてみよう。彼が、これまで紹介してきたようなグループワーク型の大学入試を受けることになったと想像してみて欲しい。一八歳ならば、相対的に女子の方が弁が立つ。女の子が議論を先導し始めたところで、「女は黙ってろ!」と一言でも言ってしまったら、彼はその場で不合格となるだろう。

いままでは、どの大学にもそんな合否の判定基準はなかった。ところが、これからは、こういったことが、きわめてまっとうな合否判定の基準になるのだ。

もう一度、大学入試改革の筋道を振り返ってみよう。

文科省は、各大学に、すべての授業をできるだけアクティブラーニング化するように指導している。少なくとも表面上は、大教室での一方通行の講義は姿を消しつつあり、ディスカッション型の授業が増えている。

もう一点、文科省は大学側に、新制度入試にあたっては、「潜在的学習能力」すなわち大学に入ってからの学びの伸びしろや授業についていく力を測るような試験をしろと通達している。

ということは、三段論法でいけば、このアクティブラーニングに参加できない、対等な立場での議論のできない生徒は、どれほど従来型の学力が高くても門前でお断りするしかないということなのだ。

身体的文化資本は二〇歳までに形成される

こういった身体的文化資本は、おおよそ二〇歳くらいまでに決定されると言われている。わかりやすい例は「味覚」だろう。味覚は幼児期から一二歳くらいまでに形成されるという説もある。幼少期にファストフードなど刺激の強い、濃い味付けのものばかり食べ慣れていると、舌の味蕾《みらい》がつぶれて細かい味の違いがわからなくなるというのだ。一二歳というのが本当かどうかは議論の余地もあるだろうが、それが早期に決定づけられそうなことは想像に難くない。音感やリズム感、色彩感覚なども、比較的、早い段階で形成される能力だろう。

言語感覚、論理性などは、もう少し長期で形成されるのだろうが、小さい頃からの読書体験や言語環境が、子どもの成長に大きな影響を与えることは、最近、とみに知られるようになった（この件は第六章で詳しく触れる）。

また逆に、先に掲げたジェンダーについての偏見など、ある一定以上の年齢になると「ちょっと、この人は治らないな」と感じることもあるだろう（もちろん、そういった人々にも、理性によって偏見を表に出さないように振る舞ってもらわなければならないのだが）。

いずれにしてもこれらの能力は、人生の非常に早い段階で、しかも、ほぼ自然に「身についてしまう」類いのものなのだ。

そして、この身体的文化資本を育てていくには「本物」「いいもの」に多く触れさせる以外に方法はないと考えられている。

これは当然のことで、するどい味覚を身につけさせようとして、子どもに美味しいものと不味いもの、安全なものと危険なものを両方食べさせ、「ほら、こっちが美味しいでしょう、こっちが安全でしょう」と論理的に教える親はいないだろう。美味しいもの、安全なものを食べさせ続けることによって、不味いもの、危険なものを吐き出せる能力が育つのだ。

あるいは骨董品の目利きなどを育てる際も、本物、いいものだけを見せ続けると聞く。そのことによって偽物を直感的に見分ける能力が培われる。「身体的」文化資本であるから、できるだけ若いうちから、理屈ではなくセンスを身体に染み込ませていかなければならない。

身体的文化資本の格差

しかしそうだとするなら、特に私が専門とするような演劇やダンス、オペラやミュージカルなどのパフォーミングアーツは、東京の子どもたちが圧倒的に有利ということになる。これまで述べてきたように、インターネットの時代になり、知識や情報の地域間格差はなくなっていく。すると逆に、生でしか観られない部分で大きな差がつく時代となってしまう。東京の有利さが増幅されやすいと言ってもいい。

たとえば現在、演劇やダンスが本格的に学べる高校が、日本に七〇から八〇ある。しかし、そのうちのおよそ六割が東京と神奈川に集中している。東京、神奈川、大阪、兵庫で八割を占める。地方では教える人材がいないので、コースの開設さえ難しいのが現状だ。

さらに国際水準の舞台芸術の鑑賞という意味では、おそらく東京と地方都市では、アクセスの機会の差は一〇倍以上ではないだろうか。

そしてもう一点、この身体的文化資本の格差の問題は、（もともとはこちらの方がブルデューが指摘するところなのだが）経済の格差と直結している。

経済格差と教育格差が強い相関性を示すことは、すでに論を俟《ま》たない。しかし、この文化の格差は実はより深刻だ。

教育の格差は、学校に来てくれさえすれば発見はされる。「この子は頭がいいのに家が貧乏で大学に行けないのは可哀想だ」と誰もが思うし、本当に優秀なら奨学金などで支援の道もある。しかし、「身体的文化資本」の格差は発見すらされない。親が美術館やコンサートに行く習慣がなければ、少なくとも小中学生の段階では子どもだけで、そこに行くということは起こらない。

いまや、どんな辺境の地に住んでいても、親が意識の高い層ならば、夏休みなどを利用して子どもを都市部の美術館や博物館に連れて行ったり、音楽や演劇を鑑賞させたりする。しかし、そういったところに通う習慣のない家庭は、まったくそれらとは無縁のままだ。だから地方都市ほど、公的な支援がなければ身体的文化資本の格差が広がりやすい。

身体的文化資本が大学進学に直結する時代

日本は明治以降一五〇年をかけて、教育の地域間格差の少ない素晴らしい国を作ってきた。いや、そもそも江戸時代にも、先進的な地域ほど藩校などを通じて独自の教育の風土を作り上げてきた。

しかしいま、文化の地域間格差と、経済格差の両方向に引っ張られて、子どもたち一人一人の「身体的文化資本の格差」が急速に広がっている。しかも、それが大学進学や就職に直結する時代になってくる。

二〇一八年の八月、あるシンポジウムで劇作家の岩松了《りょう》さんと対談する機会があった。一通り話が終わったあとに会場から「どうして岩松さんは演劇を始めたのですか？」という質問が出た。岩松さんは即座に、「演劇が一番、東京っぽい感じだったから」とお答えになった。一八歳で長崎から上京した岩松さんにとって、当時の小劇場演劇は、もっとも都会らしい営みだったのだ。

かつて小劇場や舞踏、ジャズや現代美術などは、地方出身者にとって、東京に出てから触れるべき事柄だった。もちろん格差はあっただろうが、東京でそれらを摂取することで、ある程度キャッチアップの機会が保証されていた。しかしこれからは、それが大学入試の時点で問われるようになる。地方の若者たちは、人生の逆転のチャンスさえ奪われてしまう。

念のために書いておくが、ブルデューの提唱する「身体的文化資本」という概念は、決してポジティブなものではない。これらは主に家庭環境によって与えられる（そして私はさらに、日本においては地域間格差の方が問題だと指摘してきた）本人の努力ではいかんともしがたい「格差」なのだ。

内田樹氏はこの点について、以下のように記している。

〈しかし、ブルデューが皮肉に指摘していたように、文化資本の逆説とは、「それを身につけよう」という発想を持つことそれ自体が、つまり、文化資本を手にして社会階層を上昇しようという動機づけそのものが、彼が触れるもののすべてを「非文化的なもの」に変質させてしまうということにある。「文化資本を獲得するために努力する」というみぶりそのものが、文化資本の偏在によって階層化された社会では、「文化的貴族」へのドアを閉じてしまうのである。

ひどい話だ。

「努力したら負け」というのが、このゲームのルールなんだから。

「努力しないで、はじめから勝っている人が『総取り』する」というのが文化資本主義社会の原理である。

ひどい話だと私も思う。

しかし、日本は確実にそうなりつつある。〉（『街場の現代思想』二〇〇八年、文春文庫）

教育改革のジレンマ

ここまで私は、二〇二〇年度からの大学入試改革は、従来型の「努力」が報われにくい入試になるということを書いてきた。そしてその方向は、「理想」としては間違っていないといまも思う。前章でも書いたように、一生懸命努力する人も社会にいてくれないと困るが、コツコツと努力することは苦手だが発想の素晴らしい人や、なぜか人を和ませられる人なども持続可能な社会には必要だからだ。

しかし、そのために大学の選抜方法を改めようとすると、今度は、努力とは無関係の身体的文化資本を問うことになり、より格差が鮮明になってしまう。

さぁ、これが、二〇二〇年度の大学入試改革が抱える根本的なジレンマだ。

先般の萩生田文科大臣の「身の丈」発言は、たまたま英語の民間試験導入を巡って飛び出したわけだが、今回の入試改革自体が、放置しておくと格差（特に地域間格差）を助長し増幅させる側面を否応なく内包していたのだ。

そして何より問題なのは、この点が最大の問題点だということに、ほとんどの保守派も改革派も気がついていないということだ。だからみな、制度論についての些末な議論か、あるいは理想論についての二項対立という神学論争に終始してしまう。

このジレンマは、実は従来から教育社会学などでは指摘されてきた点なのだ（この点は、二〇一九年に話題となった松岡亮二著『教育格差』〈ちくま新書〉に詳しい）。

たとえば、ある国が「個性尊重」の教育を目指したとする。その理念は素晴らしいのだが、実際には、その「個性」とはすでに、生まれてきた家庭環境や、育つ地域によって大きく異なっている。だから実は単純に統計を取ると、「個性尊重の教育」は、そのままでは格差を生みやすい。原理的に考えれば、多くの生徒を学校に集めて、一律の教育をした方が格差は生まれにくい。

では、どうすればいいのか？

論理的に考えれば、いま取り得る現実的な選択肢は二つだ。

一つは、より格差の少ない、努力を測るような従来型の入試に戻すこと。「努力」は測りやすい指標であり、またこれを指標とすれば、生徒も学校という組織全体も統治しやすい。ただしかし、この「逆コース」では、おそらく大学は多様性を持つことができず、その国際競争力も衰える一方となるだろう。また長じては、日本社会全体の多様性も失われていくことになるだろう。目先の格差増大は防げるが、抜本的な解決にはならない。

もう一つの選択肢は、大学入試改革を進める一方で、その改革の本質を理解し、少しでも子どもたち一人一人の身体的文化資本が育つような教育政策に切り替えていくことだ。そのためには、地方自治体が教育政策と文化政策を一体化させ、特に貧困層に対して文化による社会包摂的な政策を充実させる必要がある。だが、これは理想に過ぎないかもしれない。

もちろん、現実的な落としどころとして、もう一点、忘れてはならないのは、先にも記したように、この入試改革は多様性を確保するためのものだという点だ。

努力する人も、身体的文化資本が異常に高い人も必要だ。だから、いろいろな尺度で大学入試を行えばいい。問題は、その手間暇をかけられるかということなのだ。

身体的文化資本をめぐる対立

安倍晋三首相はよく「努力した人が報われる社会」ということを語る。しかし、アンチ安倍政権の人々は、資産など、そもそものスタートラインが違うのだから「努力が報われる社会にならないのではないか」と考えている。しかも、安倍首相や麻生太郎財務大臣のように、資産はあるが身体的文化資本の著しく欠如した人たちが「努力」を口にするので、多くのアンチ安倍の人々はイラッとくる。「お前にだけは言われたくない」と感じるのだろう。

先の三分類のうち、二があって三のない人もいる。自己責任論をよく述べる、たとえば橋下徹元大阪市長などがこれにあたる。この一群の人々は、「自分は恵まれない環境にいたが努力し、苦労してここまでやってきたのだから」と言って、他者にもその苦労を押しつける。保守系だけではない、野党の議員の中にもこのタイプの方が散見される。

序章でも少し触れたが、教育社会学などでよく指摘されるように、教育統計というのは一定数、結構多数の例外を生むので、「俺は違った」と言いやすいジャンルなのだ。

さらに、この手の人々は、身体的文化資本（いわゆる育ちの良さ）に対して潜在的脅威を感じているので、大学入試制度改革には反対の立場をとりやすい。あるいは、身体的文化資本はごく一部のエリートだけが持てばいいのであって、多くの人々は従来通りに従順に努力を積み重ねるべきだという議論に傾きやすい。

これも百歩譲って、新自由主義的な視点で見れば合理性のある議論なのかもしれない。社会は、少数のリーダーが引っ張っていけばいいのだと考える一群が政治家の中にも確実に存在する。ただ私は、それでは社会のさまざまな分断が加速して、結局、日本全体が息苦しく生きづらい社会になってしまうのではないかと考えている。

さらに、これまで記してきたように、このままでは東京一極集中が加速し、人口のバランスが限りなく崩れて、取り返しのつかないことになるという懸念もある。

奈義町の試み

もちろん、この身体的文化資本が格差を助長するという点に気がつき始めた自治体もある。岡山県の県北、鳥取県との県境に位置する奈義《なぎ》町は、人口六〇〇〇人弱の小さな山村である。この奈義町は、試験的に職員採用試験に演劇などのグループワークを導入した。

たとえば、初年度に出した問題は以下の通り。

これから皆さんには、別室に移ってディスカッションドラマを創ってもらいます。ディスカッションドラマというのは、文字通り、ディスカッション（議論）の様子をドラマにしたものです。人の出入りや動きなどは、あまり必要ありません。

これは発表の成果を問う試験ではありません。演技のうまい受験者が得をするような試験ではありません。ただし、発表についても、あとのインタビューで質問されると思いますので、最後までベストを尽くして行ってください。

グループワークの時間は六〇分です。部屋には筆記具などが用意してあります。グループワークの時も発表の時も、部屋の中にあるホワイトボード、椅子、机などは自由に使ってかまいません。

部屋にあるパソコンは、情報検索のみに利用してください。このパソコンで外部とメールのやりとりをすることはできません。

議論の過程も評価の対象になりますが、審査員のことはできるだけ気にせずに、グループワークに集中してください。

【問題通し番号八】

以下の題材で、ディスカッションドラマ（討論劇）を創りなさい。

皆さんは、奈義町役場に入所早々、町長から、二〇二〇年東京オリンピックの合宿地として、どこかの国の、どこかの競技チームを必ず誘致してくるように厳命を受けました。

各自が、自分が推薦したい競技と、できれば、どこの国を呼びたいかを決めて議論をしてください。

ディスカッションドラマですので、ディスカッションをして自分の意見を通すことが目的ではありません。各自が役割を分担して、どうすれば議論が盛り上がるかを考えて、最後に、一〇分前後のディスカッションドラマを創っていただきます。

※参考

それぞれの国と競技に、一長一短があればあるほど議論は盛り上がります。まず、どの競技、どの国を候補にするかを全員で考えましょう。

さらに、誰が、どの順番で、どのような発言をすれば議論が盛り上がるかを考えてください。議論がかみ合うだけが目的ではありません。わざと脱線させたり、その脱線にヒントがあったりするかもしれません。

さまざまな試験問題

これまで紹介してきた大学入試と同様に、奈義町職員採用試験の実施要項も「グループワーク」と呼んでいるだけなので、毎回、演劇的な課題が出題されるとは限らない。特に奈義町は小さな町で、職員採用は保育士や保健師と一般職員を一括して試験する。そのためたとえば、以下のような問題を出した年もあった。

【問題通し番号九】

以下の題材で、授業の指導案を創りなさい。

奈義町内の幼稚園で、親子で参加できる食育をテーマにした特別授業を行うことになりました。その指導案を考えてください。

授業の時間は、一〇〇分を想定してください。
対象は五歳児（年長組）です。
園児数は二〇名です。

・奈義町の特質をできるだけ生かしたものにしてください。
・親子で参加できるものにしてください。

最後に、一〇分程度でプレゼンをしていただきます。
幼稚園の園長先生や、教育長さんに向けてのプレゼンだと想定してください。
プレゼンの際は、全員が何らかの役割を果たして説明をするようにしてください。

時間配分や役割分担を、しっかり考えてください。
プレゼンの時間は八分から一二分としてください。

あるいは建築系の受験者がいることがわかっていた年は、以下のような問題を設定した。

【問題通し番号 一〇】

いま、奈義町では幼稚園、保育園を統廃合する計画が進んでいます。どのような施設が望ましいかを議論し、ホワイトボードに簡単な設計図面を書いてください。

以下が条件です。

敷地は四〇〇〇平方メートル。町のほぼ中心に、新たに建設の予定です。

予算は、比較的潤沢にあります。

・奈義町の特質をできるだけ生かしたものにしてください。

・どのくらいの人数を収容しなければならないかなど、町勢データを調べて、根拠のある設計としてください。

最後に、その図面を元に一〇分程度でプレゼンテーションをしていただきます。

町長や教育長、そして入園を考えている保護者の皆さんに向けてのプレゼンだと想定してください。
プレゼンの際は、全員が何らかの役割を果たして説明をするようにしてください。
時間配分や役割分担を、しっかり考えてください。プレゼンの時間は八分から一二分としてください。

これらはいずれも、一般職員と専門職員が協働しなければうまく進まない課題になっている。こういった問題を出せるのは小さな町役場の強みであり、また大学入試とも大きく異なる点だ。

働く仲間を選ぶ試験へ

この奈義町の職員採用試験では、試験官に必ず若い女性の職員を入れることになっている。私が提案したのは、「能力を見る試験から働く仲間を選ぶ試験に変えていこう」という点だった。

奈義町の職員は約八〇名である。それまでの学業成績がどんなに優秀な人でも、冬になれば雪かきをしなければならないし、認知症のおばあちゃんを担いで病院に行くこともあるかもしれない。

東京都職員の定数総計は一六万人余だそうだ。それほどの人数がいれば、能力に応じた適材適所でやっていけるのだろう。しかし地方の小さな自治体はそうはいかない。公務員は複数のポジションがこなせて当たり前だし、今後はさらにその要求が強まるだろう。

八〇人しか職員がいないということは、入所早々、八〇分の一のクルー（＝仲間）になるということだ。小さな町だから職場の異動といっても限られている。「あいつはちょっと面倒だから窓際に」などとは言っていられない。

一方で、いまはどんな地方の公務員試験でも、受験者は公務員用の予備校に通い、十全に準備を重ねて受験にくる。

奈義町の職員採用試験は、四国学院大学などの試験と同様に午前中にグループワークを行い、午後に面接をする。午前中の作業についての質問も出るので、準備がしづらい面接になる。わずかながらでも受験者の素顔を垣間見ることができる。

合計特殊出生率二・八一

この奈義町は二〇一四年、合計特殊出生率二・八一（全国平均一・四二）という驚異の数字を記録して話題となった。一過性の数字ではなく、ここ数年は、毎年二・五近くで推移しており、このままいけば人口減少に歯止めがかかるのではないかと期待されている。

からくりは意外と単純だ。隣の津山市（人口約一〇万人）で働く若い夫婦が奈義町に移り住み、多くの子どもを産むようになった。

東京で働く者は職場の沿線を選んで住む。しかし地方、とりわけ岡山県北などは車社会だから、移動時間が三〇分圏内ならば、どこに暮らしても大差はない。

結婚、出産、子育て、あるいは家を建てるときなどに、若い夫婦はどこに住むかを真剣に考える。その際、現状、子育ての大半を担っている女性の意見が重視されるだろう。当然、彼女らは、子育てのしやすい環境を選ぶ。奈義町は高校までの医療費無償など、子育て支援が充実している。こうして奈義町に若者人口が流入し出生率を引き上げる結果になった。

奈義町の子育て支援は、取り立てて目玉の施策があるわけではない。「他の町がやっているいいことは、それを最高水準で行う」というのが町の方針で、出産のお祝い金なども含めてさまざまな施策を充実させている。

しかし何よりも重要なのは、町ぐるみで子育てを応援していこうという雰囲気作りだ。「なぎチャイルドホーム」という子育て支援施設には、毎日たくさんのお母さんたちが子どもを連れて集まり、情報交換や相互扶助を行っている。ここでは、さまざまな形での子育てに関するサポートが行われ、所得や、保育園／幼稚園に預けているか否かにかかわらず、安心して子どもを育てられる環境が保証されている。

ただ、奈義町の秘密はこれだけではない。この町は長年、横仙歌舞伎という農村歌舞伎を守り続け、こども歌舞伎も毎年開催している。小学校三年生は全員、学校の授業で歌舞伎を体験する。さらに希望すれば、幼稚園児から高校生まで、無料で歌舞伎教室か太鼓教室に参加することができる。たった八〇人の町役場の職員のなかに、歌舞伎専門職員を二人置いて、この事業に専従させている。この二人は、普段は公民館の貸出業務のような仕事もするのだが、シーズンになれば歌舞伎に専念できるし、歌舞伎の興行を行っている松竹に研修にも出かける。

またこの町には磯崎新氏設計の素晴らしい現代美術館と図書館もある。町全体が、子どものなかに身体的文化資本が蓄積しやすいような環境となっているのだ。

第四章　共通テストは何が問題だったのか？

共通テストの当初のもくろみ

ここまでは主として、これから各大学に課されていく個別試験の課題を見てきた。この章では少し振り出しに戻る形で、「共通テスト」と呼ばれる新しい統一試験の内容について考えてみたいと思う。あらためて、おさらいをしておく。

現在の「センター試験」は二〇一九年度（二〇二〇年一月実施）が最後となり、それに代わって、二〇二〇年度入試（二一年一月実施）から「大学入学共通テスト」（以下「共通テスト」）がスタートする。

この共通テストについては、当初（二〇一三年くらいまで）は、「年複数回の実施」「一点刻みではなく段階別の評価」「外部検定試験の活用」などの提案がなされていた。しかし具体的な計画立案の段階に入ると議論は混迷を極め、実施の実質前年度、二〇一九年の年末になって、その根幹が揺らぐ事態となったのは皆さんご承知の通りだ。

では、その変遷を、さらに詳しく見ていこう。

まず、「年複数回実施」は高校側からの猛反発であえなく見送りとなった。高校三年間の学びの前提となる学習指導要領の範囲から出題する以上、高校三年の早い段階での実施は不可能という理屈だ。また、「段階別の評価」もおそらく、いまの方向で進めば実施されないだろうと考えられている。

私自身は当初より、アメリカの大学を受験するときに必要になる標準学力テスト（SAT）のように、全体に難易度を大きく下げて、きわめて基礎的な学力を問う試験に徹した方がいいと主張してきた。なんなら「高校卒業程度認定試験」（旧大学入学資格検定＝大検）と統合して、高校に行かなくても大学に行けるシステムや飛び級を、より定着させた方がいいとも考えている。

しかし現実には、そのような方向での実施は難しい。アメリカの場合は、学習指導要領といった全国一律の縛りもないので、単純な比較ができない点もある。

本当はどうすればいいのか？

こういった点もふまえて、さらにこれまで書いてきたことも含め、「共通テスト」に関する私の考えは以下の通りである。

■選り好みをしなければ、進学希望者がどこかの大学には入れる「大学全入時代」に、受験生の「差」をつけやすくする入試制度は時代遅れである。

■そうはいっても、上位校はこれからも選抜を厳しくしなければならないので、「共通テスト」は、まさに各大学への受験資格となるような基礎的なものに徹して「参考程度」に扱えばいい。

■そう考えれば、英語の民間試験導入も、決して間違った方向ではなく、たとえば複数回受験が難しい離島の高校生などには、英語教員の推薦状などを付けて「同等程度の学力」が保証されれば、それでよしとするくらいの柔軟性を持てばよかった。

■一方で、上位校が実施しなければならない「差」をつける試験は、これまで書き記してきたように、各大学が手間暇をかけ、ユニークネスを競う形で行えばいい。必要ならば各大学も、さらに二段階選抜を行ってもいいと思う。

■また、中堅以下の、ほぼ全入の大学においても、本当の基礎学力、いわゆる「読み書きそろばん」+簡単な英語力くらいは必要なので、一次試験でそちらを徹底的に問うような設問にした方が現実的である。また、その方が、高校での受験指導も実質的に向上するのではないか。

だが現状は、そのようには進んでこなかった。特に私の専門に近い国語の試験はさまざまなレベルで混乱が起こっている。とりわけ議論になってきたのが「記述式問題の導入」とその内容だった。

記述式試験の問題点

次頁以降に挙げたのは、二〇一七年度の「試行調査」と呼ばれる共通テストの方向性を探るためのプレテストの問題である。

第1問

青原高等学校では、部活動に関する事項は、生徒会部活動規約に則《のっと》って、生徒会部活動委員会で話し合うことになっている。次に示すものは、その規約の一部である。それに続く【会話文】は、生徒会部活動委員会の執行部会で、翌週行われる生徒会部活動委員会に提出する議題について検討している様子の前半部分である。後に示す、執行部会で使用された【資料①】～【資料③】を踏まえて、各問い(問1～3)に答えよ。

青原高等学校　生徒会部活動規約

第1章　総則

1条　部は青原高等学校生徒会会員によって構成する。

2条　部活動に関係する事項は生徒会部活動委員会で審議し，生徒総会の議決を経て職員会議に提案する。

3条　生徒会部活動委員会は，生徒会本部役員と各部の部長によって構成する。

4条　生徒会部活動委員会には，委員会の円滑な運営のため，次により構成する執行部を置く。

　委員長　　　各部の部長のうちから1名
　副委員長　　生徒会本部役員のうちから1名
　体育部代表　体育部の部長のうちから1名
　文化部代表　文化部の部長のうちから1名

第2章　部の運営

5条　部活動は部員の自主的活動によって部員の趣味・親睦を深めると同時に，人間性を高め，研究活動の充実，技術の向上を図ることを目的とする。

6条　部活動として次の部を置く。

　体育部　硬式野球部　ソフトボール部　サッカー部　剣道部
　　　　　卓球部　バスケットボール部　バドミントン部　テニス部
　文化部　吹奏楽部　演劇部　茶道部　美術部　書道部　琴部
　　　　　新聞部　科学部

第7条　会員は自由意志により所定の手続きをとり，どの部にも所属できる。

第8条　原則として，一人の会員が複数の部に所属すること(兼部)は禁止する。ただし，体育部と文化部との兼部については，双方の顧問の了解が得られれば可能とする。

第9条　各部は部長・副部長を選出する。

第10条　部活動の終了時間は17時とする。

第11条　休日，祝日は顧問が必要と認めた場合，顧問の指導のもとに，午前中又は午後の半日部活動を行うことができる。

第3章　部の新設・休部・廃部

第12条　部の新設は，同好会として3年以上活動していることを条件とする。

第13条　条件を満たし，部として新設を希望する同好会は，当該年度の4月第2週までに，所定の様式に必要事項を記入し，生徒会部活動委員会に提出することとする。なお，提出期限に遅れた場合，部の新設は次年度以降とする。

第14条　部の新設には，生徒総会において出席者の過半数の賛成を必要とする。

第15条　部員数が5名未満であり，その活動も不活発な状態が1年以上続いたと認められる場合，生徒会部活動委員会において審議の上，休部とする。

第16条　休部の状態が2年以上続いた場合，生徒総会の議決を経た後，廃部とする。

第4章　同好会

(以下略)

登場する人物

島崎――委員長。剣道部部長。
森――副委員長。生徒会副会長。新聞部部長。
永井――体育部代表。バドミントン部部長。
寺田――文化部代表。書道部部長。
夏目――教諭。生徒会顧問。

島崎　執行部会を始めましょう。今日の執行部会では、生徒会部活動委員会に提出する議題について検討します。まず何を議題とするかを考えていきましょう。最初に確認しておきますが、施設や設備の改修など、予算に関わるものは学校側に要望として提出し、委員会の議題にはしません。では、森さんから、提出したほうがよいと考える議題について説明をお願いします。

森　はい。では、【資料①】の中から、部活動委員会に関わりそうな議題を選ぶと、まず「ダンス部の設立」になりますね。

島崎　それは……、議題にならないのではないでしょうか。

森　ええっ、なぜですか。

島崎　現在活動中の同好会は、「軽音楽同好会」だけだからです。「ダンス部」の設立希望があるのなら、規約どおりに進める必要があります。

森　ああ、そうでした。うっかりしていました。では、この件への回答になるように、来月発行の『青原高校新聞』の「生徒会から」のコーナーに、当該年度に部を新設するために必要な、申請時の条件と手続きを、分かりやすく載せておきます。

島崎　お願いします。では、引き続き、【資料①】を基に取り上げる議題を挙げていきましょう。

永井　【資料①】から考えると、まず取り上げる議題は「部活動の終了時間の延長」ですね。

島崎　そうですね。では、次に重要だと思われる議題は何でしょうか。

寺田　「兼部規定の見直し」です。

夏目　念のために確認しておくけれど、兼部については、双方の顧問の許可だけは必要になりますよ。

寺田　はい、見直しの内容は、あくまで双方の顧問の許可があることを前提にした上での、条件の緩和です。これまで認められてこなかった［ア］という要望です。

島崎　なるほど、分かりました。昨年も体育部・文化部の双方から同じような条件の緩和を求める声がありましたね。他にも議題は考えられますが、この二つについて検討していきましょう。では、まず「部活動の終了時間の延長」についての提案内容をまとめていきます。みなさんの考えを聞かせてください。

寺田　延長に賛成します。個人的にも、作品展の前は時間が足りないなあ、と思うんですよね。

永井　延長を認めてほしいです。いつもあと少しのところで赤雲学園に勝てないんです。

島崎　わたしも、せめて試合前には練習時間を延長してほしいと思っているのですが、個人的な思いだけでは提案できません。何か参考になる資料はありませんか。

寺田　市内五校の部活動の終了時間がどうなっているか、まとめてみました。【資料②】です。

森　別の資料もあります。【資料③】です。新聞部が去年の「文化祭特別号」で、部活動についてまとめた記事です。

島崎　ありがとう。では、これらの資料を基にして、部活動の終了時間の延長を提案してみましょう。

森　ちょっと待ってください。提案の方向性はいいと思うのですが、課題もあると思います。［イ］

島崎　なるほど、そう判断される可能性がありますね。それでは、どのように提案していけばいいか、みんなで考えましょう。

【資料①】

部活動に関する生徒会への主な要望

要望の内容	要望したクラス	生徒会意見箱に投函《とうかん》された数
ダンス部の設立	1年A組　1年B組 1年C組	35通
部活動の終了時間の延長	1年D組　2年C組 2年D組	28通
シャワー室の改修	3年A組　3年B組	19通
照明機器の増設	2年A組　3年D組	15通
兼部規定の見直し	3年C組	25通
同好会規定の見直し	2年B組	13通

・投函された意見の総数は148通，そのうち部活動に関する要望は135通。
・今年度4月末の生徒総数は477人。各学年は4クラス。

【資料②】

市内5校の部活動の終了時間

高等学校名	通常時	延長時	延長に必要な条件
青原高等学校	**17時00分**	**－**	**－**
青春商業高等学校	17時00分	18時00分	大会・発表会等の前かつ顧問の許可
白鳥総合高等学校	18時30分	－	－
赤雲学園高等学校	17時00分	18時00分	顧問の許可
松葉東高等学校	17時00分	18時30分	顧問の許可

資料③】

原高校新聞　（平成28年９月７日　文化祭特別号　青原高等学校新聞部）　抜粋

青高生の主張

「部活動の充実」の内訳

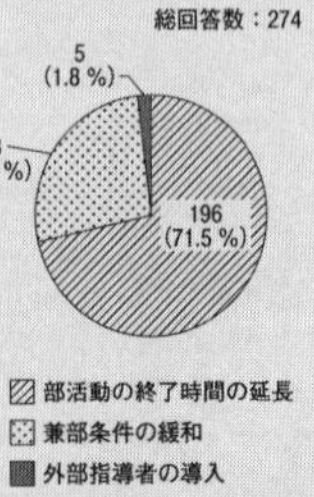

青原高校に求めるもの（複数回答可）

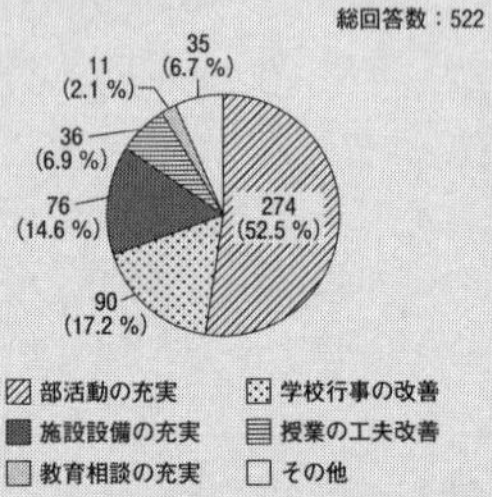

第一位は「部活動の充実」

新聞部「青高アンケート」結果発表

先日、新聞部が実施した「青高アンケート」（七月十五日実施）の結果によると、学校側への要望で、最も多かったものは「部活動の充実」、二番目は「学校行事の改善」であった。

「部活動の充実」の内訳では、「部活動の終了時間の延長」という回答が最も多かった。これは、秋の新人戦・作品展に向けた練習・準備が活発化する中、近隣高校に比べて活動時間が短い、という思いの表れであろう。

硬式野球部主将の中野さんは、「青原高校の生徒は、部活動があるからといって学業をおろそかにするとは考えられない」と語る。また、吹奏楽部部長の樋口さんは、「部活動を一生懸命やりたい後輩は、白鳥総合高校を目指してしまうから、ぜひ部活動の終了時間を延長してほしい」と訴えた。

しかし、部活動の終了時間の延長の実現には課題もある。青原市作成の「通学路安全マップ」によれば、本校の通学路は、歩道も確保できないほど道幅が狭い。また、交通量のピークは午前七時前後と午後六時前後とされている。生徒指導担当の織田先生は、「部活動の終了時間の延長を認めた場合、生徒の下校が集中する時間帯の安全確保に問題が生じるのではないか」と語っている。

きはどのようなことか。五十字以内で書け（句読点を含む）。

問2 空欄 ア に当てはまる言葉を、要望の内容が具体的に分かるように、二十五字以内で書け（句読点を含む）。

問3 空欄 イ について、ここで森さんは何と述べたと考えられるか。次の(1)～(4)を満たすように書け。

(1) 二文構成で、八十字以上、百二十字以内で書くこと（句読点を含む）。なお、会話体にしなくてよい。

(2) 一文目は「確かに」という書き出しで、具体的な根拠を二点挙げて、部活動の終了時間の延長を提案することに対する基本的な立場を示すこと。

(3) 二文目は「しかし」という書き出しで、部活動の終了時間を延長するという提案がどのように判断される可能性があるか、具体的な根拠と併せて示すこと。

(4) (2)・(3)について、それぞれの根拠はすべて**【資料①】**～**【資料③】**によること。

特に話題になったのは問3で、この問題の正答率が異常に低かった。もちろん試行調査であるから少し振り幅を大きくして、傾向を調べているということもあったのだろうが。

これまでの試行調査では、本問のように生徒会規約や法令文、契約書、会話文など、いくつかの文章を読んで問いに答える形が必ず出題されている。ここにはおそらく二つの意味が兼ね備わっている。一つは、複数の文章を併せ読ませることで、複雑な思考力などを問うという点。これは設問の作成が難しいとは思うが理念としては悪くない。

もう一点は、規約や契約書のような「実用的」と思われる文章を読ませて、その内容をきちんと把握する力をつけさせるという単純な発想。こちらは大いに問題がある。

実際に、二〇二二年度から施行される高校の新しい学習指導要領では、国語の中で実用文や資料の扱いが重視される。この試行は、その流れを先取りしたものなのだ。

さらに新学習指導要領では、選択科目として「論理国語」「文学国語」などが区別されて新設される。この場合、多くの高校が「論理国語」を採るのではないかと予想されている。この点については、二〇一九年一月に、日本文藝家協会が「小説が軽視されるのではないか」と危惧する声明文を出した。

試行調査の別解答

そういったわけで、そもそも、この試行調査は課題山積なわけだが、私は少し別の角度から、この「問3」には問題があるのではないかと考えてきた。この設問に関して、大学入試センターが発表した正答例は、以下の通りだ。

確かに、部活動の終了時間の延長の要望は多く、市内に延長を認める高校も多いことから、延長を提案することは妥当である。しかし、通学路は道幅も狭い上に午後六時前後の交通量が特に多いため、安全確保に問題があり、延長は認められにくいのではないか。（118字）

しかしながら、私は、以下のような答案も可能なのではないかと考えた。

確かに部活動の終了時間の延長の要望は多く、市内に延長を認める高校も多いことから、延長を提案することは妥当だ。しかし、大会前だけの延長を提案すると、勝利至上主義と受け取られ、生徒会部活動規約第2章第5条と矛盾すると受け取られるのではな

いか。（119字）

【会話文】の流れとしては矛盾はなく、これも正答にしてもいいのではないだろうか。ただ、この別解の弱いところは、問題文の方に、「それぞれの根拠はすべて【資料①】〜【資料③】によること」と書いてある点だ。

しかし、【資料】ではない「生徒会部活動規約」は、問題全体の冒頭に示されており、設問全体の背景となっている。問3でも「規約」を参照してはいけないとは書いていない。また、この別解でも、他校が「大会・発表会等の前」には延長が許可されているという【資料②】の記述に、かろうじて関連付けてもいる。【会話文】の中にも、「いつもあと少しのところで赤雲学園に勝てない」「わたしも、せめて試合前には練習時間を延長してほしい」という発言があり、そのあとに、それを補強する材料として【資料②】が示されている。

以上のことから、この別解でも、【資料】に言及していないとまでは言いきれず、これを完全な誤答とするのは難しいのではないだろうか。ただし、大学入試センターが示した正答の条件では、この別解は、あきらかに誤答とされてしまう。

もう一点、私が問題に思うのは、この別解の方が「面白い」という点だ。

私がこの別解も妥当だと考えるのは、会話文の冒頭で、森の発言が島崎によって「規約どおりに進める必要があります」と素っ気なく却下されたからだ。新聞部部長として言葉に自信を持っていた森は、無意識のレベルで傷つき、その後は沈黙する。そして後段の島崎の「わたしも、せめて試合前には練習時間を延長してほしい」という発言に対して、「お前だって思いつきで喋っているじゃないか」と内心、反感を覚えたのではないかと考える。もし、これを意図して書いているとすれば、戯曲としては見事な伏線だ。

また、メンバーの中で森だけが生徒会本部役員（副会長）を兼任している。なぜ、生徒会から来ている、しかも新聞部の森が、会話文の冒頭で規約を無視するような軽率な発言をしたのか？　このミスは、設問上は、問1を立てるために、わざとこう書かれたのだろう。しかしだとしたら、ミスをするのは島崎でもよかったはずだ。いや、その方が、うっかりやさんの委員長を常にたしなめる冷静な副委員長（新聞部で生徒会本部役員兼務）ということで設定としては首尾一貫する。

だが、この【会話文】の作者は、あえて、そのようにはしなかった。であるならば、ここには何か作者の意図、伏線があると考える方が自然だろう。少なくとも、この【会話文】を読んだ演出家は、そのような可能性を読み取って演出をしなければならない。

会話文の特質

先にも書いた通り、実用文や会話文を複数組み合わせて作問するのは、最近の国語問題のトレンドである。しかし、話し言葉の専門家である私たち劇作家からすれば、この問題文は、あまりに不用意だ。会話文は人間が会話する以上、その人間の無意識が書き言葉以上に表出する。「会話文」は論理的に進むとは限らない。この非論理的な部分と客観的な資料を組み合わせて正答を導き出すような設問になっていれば、この問題は、真の意味での良問になっていたはずなのだ。

実際、すでに私は、高校生向けの授業で、この問題文を教材として使ったことが何度かある。大学入試センターの出している正答を示した上で、「では、グループに分かれて、この会話文を声に出して読んでみてください」と話す。

「ただし島崎は男性、森は女性が演じてください。ちなみに皆さんは気がついていないと思いますが、島崎と森は一年生の時に交際をしていましたが、島崎の二股が発覚して別れています」

グループで会話文を読んだあとに、森を演じた生徒に感想を聞くと、一様に「むかついた」と答える。そして、そこで先の別解を示すと、多くの生徒が「たしかに、こちらの方がしっくりくる」とも答える。

さらに、ではなぜ、これが正解にならないのかを考えさせる。もちろん多くの生徒が、「それぞれの根拠はすべて【資料①】〜【資料③】によること」という点をきちんと指摘する。

授業の最後に私は、このように話す。

「たしかにそうです。でも、私は大学教授として、もしも先の別解を見つけてきた受験生がいたら、そちらをうちの大学には欲しいと思う。そして、それは、大学入試改革の方向にも沿っていると思う」

話し言葉について

私が、さらに問題に思うのは、これまでの試行調査で、毎回のように出てきた「会話文」の質である。まず、これまで見てきたように、会話文（台詞）を書いたことのない素人が問題を作成していることは一目瞭然だ。会話文の特徴がまったく理解されておらず、私たち劇作家からすれば「台詞作りをなめるな」と言いたくなる。

次頁以降に掲げたのは、二〇一七年五月に大学入試センターから出された『「大学入学共通テスト（仮称）」記述式問題のモデル問題例』というものだ。こちらの「会話文」はもっとひどい。一人一人の発言が異常に長いし、まったくリアルではない。そもそも、こんな会話をする親子がいるのかという根本的な突っ込みもあるだろう。ただ単に、それぞれの論理を会話の形式に書き換えただけで、これは「会話文」と呼べる代物ではない。

モデル問題例1

な外観を保った建物である。城見市が作成した景観保護に関する【資料B】「城見市『街並み保存地区』景観保護ガイドラインのあらまし」と、かおるさんの父と姉の会話を読み、後の問い（問1～4）に答えよ。

【資料A】

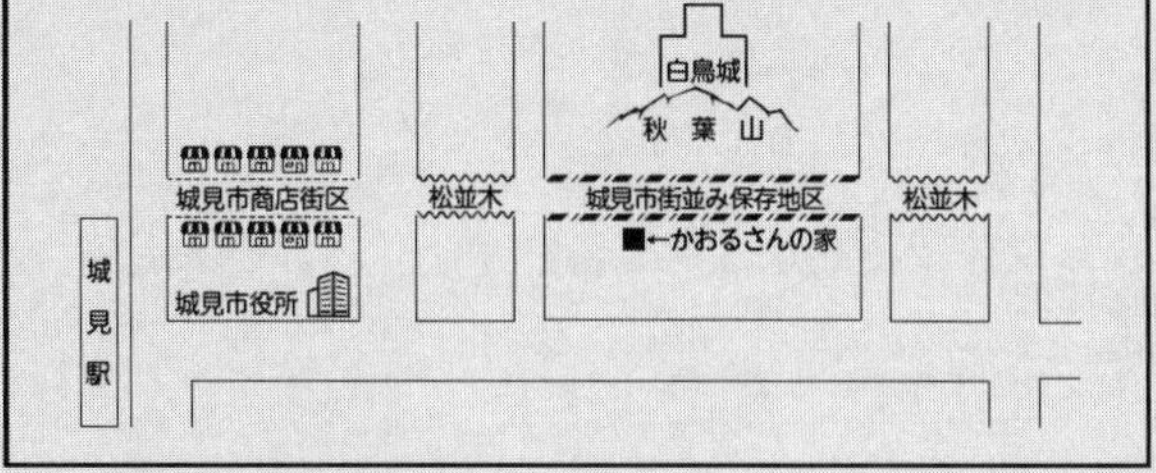

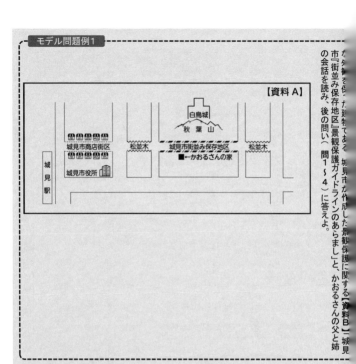

【資料B】

城見市「街並み保存地区」景観保護ガイドラインのあらまし

ガイドラインの基本的な考え方

城見市「街並み保存地区」一帯は、市名の由来にもなっている秋葉山山頂に築かれた白鳥城下を通る、旧街道の伝統的な道路遺構と街並みからなります。その街並みと自然とが呼応し、そこに集まる人々によって文化と共に育まれてきたところにその特徴があります。

私達は、「街並み保存地区」に限らず、城見市が育んできた歴史、文化の特質を尊重し、優れた自然と景観に対して十分配慮するとともに、この自然と景観を維持、保全、育成しなければなりません。そのためには、住民、企業、行政など全ての人々が城見市の景観に対するさらなる意識の向上を図り、貴重な財産であることを深く認識し、この美しい景観を将来の世代に引き継ぐ責務を負っているのです。

景観保護の目標

ア　市役所周辺から商店街区にかけてのにぎわいを連続させるとともに、都市の顔として風格のある空間づくりを進めます。

イ　秋葉山の眺望や松並木などの景観資源を活用し、親しみがあり愛着と魅力を感じる街並みを形成していきます。

ウ　広域からの外来者のある、観光や伝統行事などの拠点にふさわしい景観づくりを進めます。

景観保護の方針

・松並木及び「街並み保存地区」の植栽を保全し、街並みや秋葉山の景観との調和を図ります。
・建築物の壁面、広告物や看板の色彩については、原色などの目立つものを避け、伝統的建築物との調和を図ります。
・個人住宅を含めて、建物外面の色調を落ち着いたものとし、壁面の位置や軒高をそろえます。
・一般及び観光客用の駐車場や街路のごみ箱、ごみ収集時のごみ置き場は目立たないように工夫します。
・「街並み保存地区」は自動車の出入りを制限し、ゆとりある歩行空間を確保します。
・議会等との協議を通して、景観を保護するために必要な予算があれば、その計上を検討していきます。

モデル問題例1

姉「（住民対象の説明会から帰ってきた父に）お疲れさま・・説明会、どうだった？」

父「ああ、これ、資料だよ。（**【資料B】**を姉に渡す）・・最近、うちの周りもそうだけど、空き家が多くなってきたよね。この間も、少し向こうの空き家の裏口のカギが壊されたりしたそうだけど、このままだと治安の面が不安だ。それが取り壊されても、その跡地に『街並み保存地区』っていう名前にふさわしくない建物が建てられてしまうかもしれない。地元の企業がまちづくりの提案をしているという話も出ているしね。そこで市としては、ここでガイドラインを示して景観を守ることで、この一帯を観光資源にしていきたいという計画らしいね。つまり、一石二鳥を狙った訳さ。」

姉「なるほどね。それで、うちの周りはどうなるの？」

父「うちの前の道路、『ゆとりある歩行空間を確保』っていう話だったから、電柱を移動させるか、電線を埋設するかになるんだろうけど、狭いままだってことには変わりないな。」

姉「我が家の外壁を塗り直そうかって時は、その費用は市が負担してくれるの？」

父「多分、それはないんじゃないか。市の予算は、公共の環境整備に使うだろう。」

姉「あれ、そうなの？・・　ところでお父さんは、このガイドラインの導入について、どう思ってるの？」

父「私は反対だよ。住民の負担が大きすぎるね。外壁の塗装も建物の改築も、すべて周辺の景観に配慮した上で、適切な対応を自己負担で考えなければいけない。これじゃあ、引っ越した方が気が楽だ。かえって空き家を増やすだけだと思うよ。」

姉「でも、今のままだと、ここはどんどん衰退していくだけだよね？　住民がいなくなると、この街の文化や歴史の一部が途絶えてしまうよね。この辺って、道路も狭いし、家も古いけど、この街並み、私は結構好きだな。だから、マイナスだと思っていることでも、逆にこの街の魅力にしたら、観光客にＰＲすることもできるんじゃないかな。街並みを整備して、地域の魅力づくりに成功したら、ここから出て行く人が少なくなって、空き家も減るよ。そうしたら、この街は守られるよね。」

父「それは希望的な推測だし、感情論に過ぎないね。実際問題として、ガイドラインの通り、古い街並みを残すとしたら、家を改築する時に、デザイン料にせよ材料費にせよ、通常以上の自己負担が必要になる。これじゃ、地域住民の同意は得られないよ。」

姉「私は、ある程度の住民の自己負担は必要だと思う。こういう地域づくりって、行政に任せっぱなしにしたままで、私たち地域住民は受け身でいていいのかな。それに、ガイドラインには広告や看板の色彩のことも書いてあるけど、これからは、自然環境も含めて、そうした住環境も大事にしないといけないと思うの。確かに色々と制約があるし、お金もかかるけど、『地域を守り、地域の魅力を作っていくのは、他でもない私たち自身なんだ』っていう意識を持って、私たちの生まれ育ったこの街を守っていくためには、ある程度の自己負担も必要だよ。」

父「私も、すべて行政に任せちゃえばいいとは思ってないよ。だけど、個人の家や庭に手を入れることは、本質的にその人の自由意志だし、住民の利便性を考えた道路整備は間違いなく行政の仕事だ。ところがガイドラインに従うと、古い家を思うように直すこともできないし、狭い道もそのまま使うっていう不自由を、住民に強いることになる。現実的に発生する問題から目をそらして、感情論で地域づくりを語っても、そんなものは絵に描いた餅に過ぎないよ。」

姉「じゃあ、このまま何もしなくていいの？　街がさびれていく様子を、ただ黙って見てろってこと？」

モデル問題例1

問1　会話文中の傍線部「一石二鳥」とは、この場合街並み保存地区が何によってどうなることを指すか、「一石」と「二鳥」の内容がわかるように四〇字以内で答えよ（ただし、句読点を含む）。

問2　ある会社が、「街並み保存地区」の活性化に向けた提案書を城見市に提出した。次の文章はその【提案書の要旨】である。これに対して、城見市は、ガイドラインに従って計画の一部を修正するよう、その会社に求めた。どの部分をどのように修正することを求めたと考えられるか、三十五字以内で述べよ（ただし、句読点を含む）。

【提案書の要旨】
　複数の空き家が連続して並んでいる場所を再利用した商業施設を作りたい。古くて味わいのある民家を最大限活用したカフェ、洋服屋、本屋、雑貨屋、美容院などを総合的にプロデュースすることで、「一度は行ってみたい」まちづくりに貢献したい。初めて訪れる観光客にも親切なように、目につきやすい色の看板を数多く配置し、行きたい店をすぐに探せる配慮をする。また、住民にも利便性の高い店の誘致を進める。

問3　会話文から読み取ることができる、父と姉の「景観保護ガイドライン」の導入についての議論の対立点を、「～の是非。」という文末で終わるように二〇字以内で述べよ（ただし、読点を含む）。

問4　父と姉の会話を聞いて、改めてガイドラインを読んだかおるさんは、姉に賛成する立場で姉の意見を補うことにした。かおるさんはどのような意見を述べたと考えられるか、次の条件に従って述べよ（ただし、句読点を含む）。

条件1　全体を二文でまとめ、合計八〇字以上、一二〇字以内で述べること。なお、会話体にしなくてよい。
条件2　一文目に、「ガイドラインの基本的な考え方」と、姉の意見が一致している点を簡潔に示すこと。
条件3　二文目に、「経済的負担」を軽減する方法について述べること。
条件4　条件2・条件3について、それぞれの根拠となる記述を【資料B】「城見市『街並み保存地区』景観保護ガイドラインのあらまし」から引用し、その部分を「　」で示すこと。なお、文中では「ガイドライン」と省略してよい。

ところがこれは試験問題だけの傾向ではない。先般、発表になった各社、各教科の小学校教科書でも「対話型」と呼ばれる会話文の教材が多く見られる。しかしその多くは、果たして会話にする必要があったのかと思う内容だ。

対話とは何か？

どうも国語教育関係者も、その他の教科の教科書を作る人たちも、大きな勘違いをしているのではないか。

次期学習指導要領の核は、「アクティブラーニング」であり、これを文科省は「主体的・対話的で深い学び」と解説している。『ニッポンには対話がない』（北川達夫氏との対談／二〇〇八年、三省堂）、『対話のレッスン』（二〇一五年、講談社学術文庫）といった本を書いてきた私としては、「対話」という言葉が指導要領の中核に据えられたことは、我が意を得たりという思いだ。

ただし、少し気になるところもある。まず「主体的」という言葉はもともとあるが、「対話的」というのはあまり聞いたことがない。文科省は何をもって、「対話的」と言うのだろうか。

学習指導要領の解説資料では、対話的な学びについて、「子供同士の協働、教職員や地域の人との対話、先哲の考え方を手掛かりに考えること等を通じ、自己の考えを広げ深める『対話的な学び』が実現できているか」が問われるとしている。わかったようで、よくわからない解説だ。

私はこれまで、拙著『わかりあえないことから』（二〇一二年、講談社現代新書）を中心に、対話と会話、あるいは対話と対論をきちんと区別することが大事なのではないかと主張してきた。重複を恐れず、この点についても、まず簡単にまとめておこう。

演説、対論、対話、会話、独り言など、人間が話す言葉には、さまざまなカテゴリーがある。その中でも特に、「対話」と「会話」を区別することが重要だ。

「対話」は「dialogue」、「会話」は「conversation」。英語ではこの二つの単語は大きく意味が異なるのだが、日本語ではこの区別が曖昧だ。というよりも、日本語では、「対話」という概念が薄い。だから辞書を引くと、「対話＝向かい合って話し合うこと。また、その話」（『大辞泉』小学館）などとなってしまう。ちなみに同じ辞書で「会話」を引いてみると、「複数の人が互いに話すこと。また、その話」となっていて違いがよくわからない。

私なりの定義は以下の通りだ。

会話＝親しい人同士のおしゃべり。

対話＝異なる価値観や背景を持った人との価値観のすりあわせや情報の交換。あるいは知っている人同士でも価値観が異なるときに起こるやりとり。

愛のある学び

では、「対論」と「対話」はどう違うのか。これを私は以下のように説明してきた。

対論は、AとBが議論をして、Aが勝ったとしたら、Bは意見を変えなければならないがAはそのまま。

対話の場合は、AとBが話し合って、Cという新しい結論を出す。どちらも変わることを前提にしてコミュニケーションをとるのが「対話」。

価値観を一つにする方向のコミュニケーションではなく、価値観は異なったままで、文化的な背景の違う者同士がどのように合意形成を行っていくかが、ここでは問われている。

文科省が掲げる「対話的」とは、本来、このような方向で説明されるべきだったと私は思う。

さらに、「主体的」と「対話的」は時に相反するという認識も必要だ。たしかに主体性がなければ対話は成立しないのだが、主体性が強すぎても対話は成り立たない。自分の主体性を少し曲げることも、対話の中では重要だ。

フランス革命の理念は「自由・平等・博愛」だ。しかし、「自由」と「平等」はなかなか両立しない。自由が行き過ぎれば平等は成立しないし、平等を追求しすぎると個々人の自由が束縛される。だが、ここがフランス人の面白いところで、この矛盾する概念の中間に、「博愛」という抽象的な理念を置いた。この発明は不思議な普遍性を持って、やがて世界へと伝播していく。

私は半ば冗談だが、「主体的・対話的で深い学び」よりも、「主体的・対話的で愛のある学び」の方がいいのではないかと主張してきた。もしもこれが情緒的にすぎると言うなら、「主体的・対話的で寛容な学び」と言い換えてもいい。異文化に対する寛容さこそが、日本の子どもたちが緊急に学ばなければならない点だと私は考える。

「会話文」の問題点

話を戻そう。「会話文」と呼ばれるものが、そこに入ってくるときには、二点の問題がある。

まず、繰り返し指摘してきたことだが、「会話文」と言いながら、それが会話である必然性がなくリアルでもない点。文章に例えるなら「悪文」である。わざわざ悪文を試験問題や教科書教材にすることは今までなかった。しかし試験問題を、「会話文」に関する素人が作成しているために、これが悪文であることにすら気がついていないのが現状だ。これが第一の問題。

二点目は（こちらの方が重要なのだが）、会話文にしたからといって「対話的な学び」の教材や試験問題になるわけではないという点だ。自然状態では対話は起きない。特に私たち日本人は、日常生活では、ほとんど対話を行う習慣がない。

だから、もし「対話的な学び」を実現したければ、何かもう一つ、別の要素が必要なのだ。私はそれを「フィクションの力」と呼んできた。

そもそも日本の子どもたちは同調圧力が強いので、通常の問題を出して「はい議論しなさい」と言っても、「まぁ、こんな感じだよね」と、すぐに正解を探そうとする。異なる文化や宗教を持った子どもたちが一つの教室の中にいる欧米とは、教育の環境自体が異なるのだ。だから欧米型のアクティブラーニングをそのまま輸入しても無理がある。逆に言えば、今までは「対話」の能力は、教室では求められてこなかった。異なる価値観を持った他者など、学校には存在しなかったから（存在しないことになっていたから）。そうであるなら、「対話」について、学校でそれを教える必要もなかった。

しかし、そうも言っていられない時代になってきた。ただ、ここで悩ましいのは、日本ではまだ、「異文化」を背景とする生徒はきわめて少数派だということだ。

もちろん、ここではいくつかの注釈が必要だろう。「異文化」とは、異なる母語や宗教のことだけではない。日本人同士でも、子どもたちは本来、さまざまな価値観を持っているはずなのだが、それが隠蔽されやすい体質が問題なのだ。だから本来は異なっているはずのさまざまな価値観を引き出していく工夫が、欧米の教室以上に必要となってくる。たとえばそれは、本書で取り上げている以下のような例である。

「二〇三〇年に日本が債務不履行状態になって、国際通貨基金の管理下に置かれた。国際通貨基金からは本四架橋三本のうち二本を廃止しろと指令が来た。さてどの二本を廃止するか、兵庫県、岡山県、広島県、徳島県、香川県、愛媛県の各県代表と議長一人の七人でディスカッションドラマを創りなさい」（【問題通し番号一】詳細は三六頁）

「二〇二五年、兵庫県豊岡市で野生復帰したコウノトリが増えすぎて、近隣の町で登校途中の子どもを襲うという事件が発生しました。市役所に対策委員会を作ることになったのでステークホルダーを洗い出して、その会議を討論劇にしなさい」（【問題通し番号一二】詳細は一九四頁）

このように、議論せざるを得ないような状況を、「フィクションの力」を使って、教室の中に作り出していかなければならない。ここに、劇作家の私が、大学入試問題について長々と私見を綴ってきた意味もある。

だからたとえば前掲の設問の「会話文」ならば、以下のような文章に変えるべきではないだろうか。

父　いやいや、斉藤さんのところも引っ越しらしいよ。
姉　え、どうして？
父　だって、街並み保存って言ったって、木戸をサッシにも変えられないんだからさ。
姉　え、そうなの？

父　そうだよ。斉藤さんのとこはおばあちゃんがリウマチで寒さが応えるんだよ。

姉　でも、街並み保存自体は、みんなで決めたことでしょう。外国人観光客も少しずつ増えてるみたいだし。

父　外人が来て儲かるのはホテルと土産物屋だけだからね。

姉　そんな、それってただの嫉妬じゃないの？

父　違うよ。みんな、それぞれの生活があるんだよ。

記述式問題の迷走の本質

今回、共通テストへの記述式問題の導入が見送りとなった最大の理由は、採点の公平性を確保できない、また自己採点にブレが起こるという点だった。しかし問題の本質は、実はそこではない。

たしかに採点の公平性の問題と関連はするのだが、それは結果に過ぎない。実は、五〇万人以上が参加する試験で、記述式問題を導入しようとすると、採点の公平性を高めるために、解答例が相当絞られた設問しか出せないのだ。

たとえば、先に掲げた入学共通テストの試行調査の問題のように、大量の限定を付けなければならなくなる。

(1)二文構成で、八〇字以上、一二〇字以内で書くこと(句読点を含む)。なお、会話体にしなくてよい。

(2)一文目は「確かに」という書き出しで、具体的な根拠を二点挙げて、部活動の終了時間の延長を提案することに対する基本的な立場を示すこと。

(3)二文目は「しかし」という書き出しで、部活動の終了時間を延長するという提案がどのように判断される可能性があるか、具体的な根拠と併せて示すこと。

(4)(2)・(3)について、それぞれの根拠はすべて【資料①】〜【資料③】によること。

これほど細かく解答を規定すると、記述式問題を課す意味が薄くなってしまう。ここに共通テストに記述式問題を導入する際のジレンマがあった。

この問題に別解が存在するという指摘は少し斜に構えたもので真剣な議論ではない。もし本当に試行調査に別解があったとなっては、たいへんな騒ぎになるし、もとよりそのような批判をしたいわけでもない。

私が勤務する大阪大学も、二〇一六年度に実施した入学試験で、本来複数の解答がある設問について一つのみを正解とするミスを犯した。この件は、外部からの指摘をいただいたにもかかわらず対応が遅れたために、問題がさらに大きくなり、関係各位に多大なご迷惑をおかけした。私は直接、そこに関与していたわけではないが、同じ組織の人間としては申し訳なく思う。

一方で、入試問題が高度化し、文科省が要求するような「思考力」を問う設問を出題しようとすると、複数の正答が出てくることは避けがたい。いや、複数の解答が出ることに意味のある良問も存在する。だからそのこと自体はかまわないのだが、ただそれを、受験生の多い共通テストで行うのは、きわめて難しい。

思考力を試しながら、しかし採点は簡単にするために、解答の条件を細かく設定していた。これは本末、矛盾する話なのだ。

しかしそれでも、記述式を導入する意義もあった。

執拗な繰り返しになって恐縮だが、今回の「三者一体」の大学入試改革の狙いは以下の通りだ。

■大学の授業をアクティブラーニング化する。
■それに堪える学生を採るために、試験を多様化、多角化する。
■大学入試が変わることによって、高校の授業も(そしていずれは初等教育の授業も)、思考力や表現力、判断力を育成するアクティブラーニングに変容せざるを得ない。

だから、共通の一次試験は、基本的な学力を問うようなものになるはずだった。しかし、ここで一つの議論が起こった。果たして各大学が、このような思考力や表現力、ましてや主体性や協働性を問うような試験を本当に実施できるのかという点だ。先端的な大学ならそれが可能だろうが、もっともボリュームのある大規模な中堅私立大学が、これを一斉に行うことができるかどうかは疑わしい。

元文科副大臣の鈴木寛氏は、当初、それも仕方ないと考えていたようだが、優秀で良心的な文部官僚たちから、「それは〝選民思想です〟」とたしなめられたと言う。以下はネットでのインタビュー記事(抜粋)である。

〈**鈴木氏**：記述式導入について大学入試改革では3本の柱を立てました。1本目は、国立大はすべて二次試験を記述式にする。これで国立大学はこれまで4割だった記述式試験の割合が9割にまで上がった。2本目は、私学の雄である早稲田大学が記述式に変える。そういう改革を強くお願いし、早稲田は自発的な判断で、記述式導入に留まらず、文系でも数学を必須にし、英語も4技能（読む、書く、聞く、話す）を問う試験に変えるなど、入試の大改革をしました。予備校の私大受験指導は早慶受験が基準になるので、早稲田も記述式になると予備校の指導はガラリと変わります。最後の3本目が、共通テストでの記述式導入です。

この3本柱の内、国立大と早稲田大学の2つについてはほぼ達成できました。都市圏では早慶、地方では国立大の影響が大きいので、そうした大学に生徒を送り出す高校の学びは大きく変わるでしょう。しかし、問題はやはり早慶以外の私大です。早慶は独自に記述式試験を実施する体制も能力もありますが、他は難しい。このままだと他の私大を受ける受験生は、相変わらずマークシート向けの受験勉強をすることになる。だから、3本目の柱として、私大も利用する共通テストに記述式を導入しようとしたのです。

――「記述式試験はトップ校だけに導入すればよく、下位の大学までは必要ないんじゃないか」という意見もある。

鈴木氏：私もそう思っていた時期がありましたが、文部科学省の若手から怒られました。「それは〝選民思想〟です」と。トップ校の生徒だけＡＩ時代に生き残ればいいというなら、そもそも教育改革などやる必要がない、と。広く多くの若者をＡＩ時代に生き残れるようにしなければと熱く語られて、私も全くそうだと思い、改心しました。大学への進学率は現在５割ですが、２割がトップとして、トップ校だけでいいとなれば（ＡＩ時代は）八割が失業することになる。しかし、共通テストに記述式を導入すれば、高校の校長たちが強くその重要性を意識し、大学受験生が学ぶすべての高校の教育が変わり、進学せずに高卒で就職する人たちも含めて恩恵を受けられる。すべてとは言いませんが、全体の８割くらいに影響が及ぶはずです。〉

（ＮＥＷＳポストセブン　二〇一九年一二月一六日）

理論的にはもっともだと思う。

文科官僚の方が、私より、よほど良心的だったということだ。

大学入試を変えなければ、高校、あるいは初中等教育は変わらないというのも、現場の実感としてはたしかである。たとえば韓国は、いち早く演劇的手法を使った表現教育を導入した。小学校が八割近く、中学校は半数近くが、これを受け入れたのに対して、高校は二割程度に止まった。大学受験の制度が変わらない限り、これが限界なのだという。

あとは、どれを優先するかだ。

不完全であっても共通テストに記述式を導入するのも、上記のように一理はある。いや不完全な記述式よりは、現行のマークシートでも、その程度の「思考力」なら問えるという意見もある。

私はこれまで書いてきたように、「思考力」「表現力」は共通テストには入れず(まったく排除する必要もないが、基礎学力を優先する)、当初の理念通り、各大学にしっかりと、それを問う記述式問題やグループワークを導入してもらうのが筋だと思う。大規模な中堅私立大学でも、いま広告や複数会場試験に割いている資金や人的リソースを振り替えれば、手間暇をかけた入試は可能だ。ただ、これは私が「筋だと思う」に過ぎない。これはもはや、どちらが「現実的」かすらわからない議論だ。

ただ唯一言えることは、きちんとしたエビデンスを出し、さまざまな方策の利点と欠点を明確にしてから議論をするべきだという点だ。これも繰り返しになるが、教育には誰しも一家言がある。しかも自分の経験を押しつけやすい。両論を併記し、いずれの方策にも長所と短所があることをお互いに認めてから、まさに主体的で対話的な議論を進めるべきだろう。

第五章

子どもたちの文章読解能力は本当に「危機的」なのか？

子どもたちのコミュニケーション能力は低下してはいない

前章では、拙著『わかりあえないことから』の記述をたどりながら、「対話」と「会話」の違いについて、あらためて復習をした。しかし、「コミュニケーション能力とは何か」という副題をつけたこの本の主眼は、実はもう一つある。

昨今、コミュニケーション能力について、世間ではヒステリックなほどに騒いでいるが、果たしてその問題の本質はどこにあるのだろう。いったい子どもたち、若者たちのコミュニケーション能力がそんなに急激に下がっているのだろうか。私は、若者たちのコミュニケーション能力が低下しているのではなく、

一、グローバル化や産業構造の転換などから、社会が要求するコミュニケーション能力の質が高度化してきた。

二、一方で、少子化、核家族化、地域社会の崩壊などから、子ども一人一人が大人とコミュニケーションをとる機会は減ってきている。

三、特に少子化の影響が深刻で、これが「日本人ならわかってよ」「そこはちょっと察

してよ」という日本的なコミュニケーションの風土と相まって、子どもたちは温室のようなコミュニケーションの中で育てられる。

四、しかし「一」で指摘したように、高校、大学で急に「はい、コミュニケーション能力ですよ。これがないと就職もできませんよ」と脅かされる。若者たちはこれに脅えてしまう。

五、すなわちコミュニケーション能力が低下しているのではなく、環境の変化に、必要なコミュニケーション教育がついていっていないことの方が問題なのだ。

私は、教育の問題を考えるときには、とにかく、あまり感情的、煽情的にならない方がいいと思っている。「子どもたちの○○が危機に瀕している！」という言い方は人目を引くし、そう書かなければ本は売れない。しかし、子どもたちの能力が、そう急速に落ちたり上がったりするわけがない。急速に変化することがあるとすれば、それは子どもを取り巻く外的な要因の方だ。

子どもたちは本当に教科書が読めなくなっているのか？

一昨年（二〇一八年）、数学者の新井紀子先生が『ＡＩ vs. 教科書が読めない子どもたち』（東洋経済新報社／以下『教科書が』と略す）という本を出版し話題となった。広範囲な読解力調査を行った結果、中学、高校生の文章読解能力が「危機的な状況にある」というセンセーショナルな内容だった。この本に書かれていることの本質は、けっして間違ってはいない。私なりの要約を許していただければ、それは以下の通りである。

一、これからＡＩが発達し、多くの職業が失われると言われている。
二、しかし、まだまだＡＩにできない（苦手な）分野がある。これからは、そういった分野の職が増えるだろうし、それに対応できる人材を育成しなければならない。
三、「東ロボくん」（新井先生が中心となって進めた「ロボットは東大に入れるか」を探る人工知能開発などを中心とした共同研究プロジェクト）の成果から、ＡＩがもっとも苦手とするのは、ある種の自然言語処理である。
四、そこで、子どもたちには、英語教育やプログラミングの教育よりも、とにかく「読解力」をつける教育を行わなければならない。

以上の事柄には、私も全面的に賛成する。前述の通り、社会環境、社会が要請する能力が急速に変わっていくので、教育もその変化に備えなければならない。そしてこれも前述したように、問題は子どもたちの側にあるわけではない。子どもたちの能力が急速に低下したわけでもない。

「危機的状況」などと書かれると、子どもの読解力が著しく低下しているように思われるが、新井先生が行ったのも経年調査ではないので、能力が急速に低下しているかどうかはわからない。ただ、この本には、たとえば以下のような文章がある。

〈では、現在の中学生はどれくらい語彙が不足しているのでしょう。ある公立中学校の社会科の先生に教えていただきました。大変熱心な先生で、以前から「教科書が読めない生徒が増えている」と感じ、社会科の教科書の音読を授業でさせているそうです。〉

このような文章が挿入されていると、それが一教師の印象に過ぎないとしても、読者は、先の調査結果と併せて、子どもたちの読解力が著しく低下し、「危機的状況」にあると解釈してしまうだろう。ここにはある種の誘導がある。

繰り返すが、危機的状況なのは、あくまでＡＩ時代の到来に対してだ。まぁ私も売文の徒の一人だから、このくらいの「煽り」は仕方ないかなとは思う。また、教育改革は、多少、危機意識を持ってもらわないと進まないところもある。

ＡＩｅｘ問題

そのような前提に立って、ではさらに、ここではどんな問題が読解力の試験として扱われたのかを見てみよう。

まず、この『教科書が』では、実際に行われた基礎的読解力を測る試験（リーディングスキルテスト＝ＲＳＴ）のすべての問題が示されているわけではなく、どうも、とりわけ正答率の低かった問題のみが記されているようだ。そのため、本当にどれくらい子どもたちの読解力が「危機的」なのか、正確なところはわからない。特に正答率が低かったものとして、たとえば以下の問題が示されている。

［問２］ **次の文を読みなさい。**

Alexは男性にも女性にも使われる名前で、女性の名Alexandraの愛称であるが、男性の名Alexanderの愛称でもある。

この文脈において、以下の文中の空欄にあてはまる最も適当なものを選択肢のうちから１つ選びなさい。

Alexandraの愛称は（　　　）である。
①Alex　②Alexander　③男性　④女性

正解は①だが、中学生の正答率は三八％だった。高校生の平均は六五％。皆さんは、これをどう思われるだろうか？　たしかに、これを読んで、多くの人は「たいへんだ、危機的だ」と感じたらしい。新井先生は「背筋に寒気を覚え」ると綴っている。

しかし私は、そうは思わなかった。どちらかと言うと、「まぁ、そんなもんだろう」と感じたのだった。

そう感じた理由はいくつかある。

新井先生も以下のように書いている。

〈おそらく「愛称」という言葉を知らないからです。そして、知らない単語が出てくると、それを飛ばして読むという読みの習性があるためです。〉

実際に学校で授業をしてみるとわかるが、小中学生は自分が知らない語彙に出会うと、いきなり聞く耳を持たなくなる。だから教師は、生徒が理解をしているかを探りながら、繰り返し言葉を換えて説明を続ける。

この問題の正答率は細かく見ていくと、中一で二三％、中二で三一％、ところが中三になると五一％となっている。おそらく、「愛称」という単語をただ知らないだけではないのだ。英語における「愛称」の意味するところがわからなかったのだと思う。この点については、静岡大学の亘理《わたり》陽一先生がブログの中で、以下のような問題文なら、もっと正答率が上がったのではないかと指摘している。

「ゆうちゃん」は男性にも女性にも使われるあだ名で、女性のユウカさんの愛称の場合もあれば、男性のユウキさんの愛称の場合もある。

↓ユウカさんのあだ名は（　　）である。
①ゆうちゃん　②ユウキ　③男性　④女性

慣れの問題なのではないか？

新井先生は、ＲＳＴと高校偏差値の相関性が高いところから、「基礎読解力が低いと、偏差値の高い高校には入れない」と書かれている。果たして、そうなのだろうか？

私が最初に持った印象は、「これは、この手の設問に慣れている子が得意な問題だな」というものだった。実際、試験というのは、その出題形式に慣れているかどうかが結果を大きく左右する。たとえば近年、全国学力テストの県ごとのばらつきが縮まってきたのは、下位になった県が、繰り返し類似の問題を子どもたちに解かせることで、「慣れてきた」のが原因ではないかとも言われている。

通常、小中学校の国語の試験に、このような短文の設問はない。では、このような短文の試験で身近なものは何だろう。私がすぐに思い浮かべたのは英語検定試験だった。いまは教育熱心な家庭だと、小学校低学年の時点から、五級、四級と受験をして準二級くらいまでを取得する児童も珍しくない。中学校では全校生徒が受験する学校も多いと聞く。

民間の対策講座では、たとえば以下のような問題への取り組みが教えられる。

① 英文を読み、意味のイメージを摑む
② 「正答ではない」と思う選択肢は除外する
② 選択肢が残ったら、最後は勘で選ぶ（何より時間をかけない！）

（ＥＳＬ　ｃｌｕｂのホームページより）

しかし、それだけではない。塾では以下のようなことも、繰り返し訓練させられる。

・まず試験前には深呼吸
・問題文を、ゆっくり三回読む
・もう一度、見直す

このくらいの「心構え」を徹底させるだけでも、小学生の成績は大きく変わる。
まだ、こういった試験に親しみのない中学一年生から、英検を多く受けるようになる三年生への成績の推移、あるいは高校偏差値との相関性は、要するに短文問題への「慣れ」と比例しているのではないか。もちろん、これは私の推論に過ぎない。なにしろ『教科書が』に出てくる設問とデータは限られているので、この程度の推論しかできないのだ。

こんな文章が教科書にあるのか？

ここまでは、しかし前段である。私がもっとも、この「愛称」問題に違和感を覚えたのは、そもそも、本当にこんな註釈をつける教科書があるのかという点だった。昨今、教科書は飛躍的にわかりやすくなり、ビジュアル化が進んでいる。いわゆる「悪文」もどんどんと消えていっているはずだ。

通常、人間は、さまざまな文脈の中で意味を理解する。おそらくこの文章も、何かの文脈の中で書かれているはずなのだ。文脈から切り離された短文を理解できるのは、先に掲げた、それに慣れていい子どもたちだけだ。

ただ新井先生は、

〈この問題の出典は、中学の英語の教科書に出てくる「Alex（アレックス）」の註に出て

くる文章なのですが、この註はつけても意味があるとは言えません。読んでも理解しない生徒が過半数だからです。〉

と言い切っている。

不思議なことに、『教科書が』には、この問題の出典が書かれていない。ネットで調べてみると、おそらくこの本の元になっている新井先生の「ＡＩが大学入試を突破する時代に求められる人材育成」（二〇一六年六月）という資料では出典が明記されていた。開隆堂出版の中学英語教科書『Sunshine English Course 3（中３）』である。まず、ここで賢明な読者なら「なんだ」と思うだろう。中学三年生の教科書なのだから、中一、中二の正答率が低いのは仕方ないではないか。

さてさらに、この教科書を取り寄せてみると意外なことがわかった。たしかに、この文章は「Alex」に関する註なのだが、それは巻末の単語集についているものだった。そして驚くべきことに、文章自体が原文と違ったのだ。本来の文章は以下のようになっている。

〈Alex は男性にも女性にも使われる名前で、ここでは女性の名 Alexandra の愛称です

が、男性の名 Alexander の愛称でもあります。〉

著作権法上は、引用ならば、原文のまま出典を明記して書かなければならないし、改変したならば、その改変点を明記する必要がある。もっとも重要な「ここでは」を意図的に省いて問題文に使っている。『教科書が』では、RSTでは、〈各社が快く著作物の利用を認めてくださいました〉となっているが、教科書会社はこの改変も知って、さらに自社の教科書が批判されていることも承知の上で「快く」利用を認めたのだろうか。私にはそうは思えない。なぜなら、その「ここでは」は何を指すかというと、教科書本文では、

Who's that girl?
That's Alexandra.
A...Ale...?
Alexandra. We usually call her Alex.

となっているからだ。なんと、この「註」は、そもそも英語における「愛称」を説明す

る文章を補完するためのもので、この文脈で先の設問を作れば、ほとんどの子どもは間違いなく正答にたどり着けるはずなのだ。

念のため書いておくが、だからといってRSTのこの問題の正答率が低かったということ自体が虚偽だと言っているわけではない。

ただし、少なくとも、〈この問題の出典は、中学の英語の教科書に出てくる「Alex〈アレックス〉」の註に出てくる文章なのですが、この註はつけても意味があるとは言えません〉という文章は不誠実だろう。だって現実には、そのような「註」はついていないのだし、原文とは「文脈」がまったく違うのだから。

もちろん新井先生ほどの方が、単に読者を煽るために、このような不誠実な文章を意図的に書いたとは思えない。RSTの作問はチームで行っているようだから、おそらく新井先生は、問題作成にあたって教科書からの引用を改変したこと、またその改変が本文との関係に関わる重要な部分であったことを知らされずに、『教科書が』を執筆したのだろう。要するに、新井先生は、子どもたちが教科書を「読めない」ことを問題にしてきたわけだが、実は先生御自身が、教科書を「読んでいなかった」ということなのだと思う。

なぜ、改変が起こったのか？

この件は、さまざまな意味で興味深い。

この『教科書が』は、もともと毀誉褒貶の激しい書物で、ネット上にも多くの批判的な文章があがっている。その中には言いがかりのようなものもあれば、きちんとした学問的な検証もあった。しかし私が調べた範囲では、いずれにしても「そもそも、この問題文は教科書にはない」という指摘は見つからなかった。

「原典、一次資料にあたる」というのは、学術論文の基本中の基本なので、これはさまざまな批判的な文章を書いた側にも落ち度がある。

ただ、これも巷間、よく言われることだが、STAP細胞騒動でも旧石器捏造事件でも、大きな粉飾事件や捏造事件というのは、それが堂々と行われるものほど、そのあまりの堂々ぶりに根本のところが疑われにくいという構造を持っている。捏造が発覚してから、「まさか、その前提自体が違っていたとは」と多くの人はあきれかえる。

もう一度、念のため書いておくが、新井先生が捏造や粉飾をしていたということではない。というよりも今回の件が珍しいのは、書いているご本人も、おそらく原典に当たっていないという点だ。だから、きわめてイノセント（無邪気）に、〈この問題の出典は、中学の英語の教科書に出てくる「Alex（アレックス）」の註に出てくる文章なのですが、この註はつけても意味があるとは言えません。読んでも理解しない生徒が過半数だからです〉という、教科書批判まで書いてしまったのだと思われる。

弱者のコンテクストを理解する

第四章と本章では、拙著『わかりあえないことから』をまとめる形で、コミュニケーションの問題と、来たるべき大学入試改革の課題との関連性を考えてきた。

一つは、「対話」と「会話」の違いについて。もう一点は、子どもたち、若者たちのコミュニケーション能力が低下しているわけではなく、社会の変化に教育制度の変革が追いついていないだけだという指摘。入試改革の議論も、ヒステリックにならずに問題を切り分けて整理することが肝要だ。

しかしさらにもう一点、『わかりあえないことから』には大きなテーマがあった。コミュニケーション不全の多くは、コンテクストのずれから起こる。ある子にとっては「遊び」でも、ある子にとっては「いじめ」と感じることはたくさんある。日頃から、このコンテクストのずれをすりあわせる訓練が大事であり、そのためには演劇的手法を使った教育はとても有効だ。

特に私が強調してきたのは、大学などのリーダーシップ教育においては、「ロジカルシンキング」や「クリティカルシンキング」も大事だが、もう一点、社会的弱者のコンテクストを理解する能力も重要なのではないかという点だ。論理的に喋る・書く能力はもちろん必要だ。しかし、それと同じくらい、論理的に喋れない人たちの言葉に耳を傾ける能力も必要なのではないか。

『わかりあえないことから』で、私が書きたかったもっとも重要な部分はここにある。そして、『教科書が』という書物に、私が最初に抱いた違和感も、やはりこの点にあった。

先に記したように、そもそも私は、この『教科書が』の中に書かれたさまざまな設問の正答率について、新井先生が書いているような「危機的な状況」とは感じなかった。むしろ「まぁ、そんなもんだろう」と思った。この特殊な「設問」に答えられるのは、この手の問題に慣れている子どもたちだけだ。

人間は、自然状態では、よく誤読する。それは読解力とはあまり関係がないし、まして知性とは関係がない。なぜ、私がこんなことを断言できるかというと、自分の戯曲を翻訳し海外の俳優たちに演じてもらう過程で、このような誤訳が切りがないほどに起こるからだ。私の戯曲を訳してくださるのは、英語、フランス語、韓国語いずれも超一流の翻訳者たちだ。それでも誤訳は頻繁に起こる。

どんなに知性のある人でも、一定の頻度で係り受けの関係などを間違える。これはもう、内田樹先生風に言うなら「そういうものなのだ」としか言いようがない。もちろん、そこに注意を集中すればミスは防げるが、それは知性とはあまり関係があるとは思えない。

いや、他にもっと大事なことがあるのではないか。

本当に大事な能力

それはたぶん、どうすれば誤解を受けない文章を書けるかという能力や、誤読があることを前提にして、その事後処理を準備しておくという発想だ。

おそらく、『教科書が』に出てくる問題を繰り返しやらせれば、その正答率自体は上がる。それは、そういう問題に「慣れた」からに過ぎない。なにをもって「学力」とするのか自体が十人十色の状態だから議論は難しいが、もしかするとこの「慣れ」によって、ある種の学力テストの点数も上がるかもしれない。それは、短文を慎重に読んで、出題者の意図を理解する能力が高まるからだろう。そういった能力が、二一世紀を生きる子どもたち、若者たちにどうしても必要だという議論も、理論上はかろうじて成り立つだろうとは思う。

しかし、私なら、やはり別の設問を立てたいと思う。

もう一度、先に取り上げた、正答率が低かったとされる問題を振り返ってみよう。

［問2］次の文を読みなさい。

Alex は男性にも女性にも使われる名前で、女性の名 Alexandra の愛称であるが、男性の名 Alexander の愛称でもある。

この文脈において、以下の文中の空欄にあてはまる最も適当なものを選択肢のうちから1つ選びなさい。

Alexandra の愛称は（　　）である。

①Alex　②Alexander　③男性　④女性

この設問を応用して、私が考えた大学入試向けの問題は以下の通りだ。

〈問い〉

先の問題で中学生の正答率が低いことが大きな話題となりました。

どうして正答率が低かったのかを考え、その正答率を上げるために、この問題文の前に三〇〇から四〇〇字前後の文章を付け加えなさい。

〈解答例〉

英語やロシア語には、ある特定の名前にだけつく「呼び名」がある。これを「愛称」とも言う。この「愛称」は、身体的な特徴などから付けられる「あだ名」とは、少し異なるものである。

もちろん、日本語でも、俊太郎君のことを「俊ちゃん」と呼ぶことがある。ただし、必ず、そのように呼ぶと決まっているわけではない。ところが英語やロシア語では、一つの名前ごとに、ほぼ決まった呼び名（愛称）が存在する。

例をあげると、英語でよくある名前の「ロバート君」の愛称は「ボブ」や「ボビー」となっている。ロシア語によくある「エカテリーナさん」の愛称は「カーチャ」だ。

愛称はだいたい、男女別にあるが、まれに男性にも女性にも使える愛称がある。たとえば、Alex は男性にも女性にも使われる名前で、女性の名 Alexandra の愛称であるし、男性の名 Alexander の愛称でもある。

さて、この文脈において、以下の文中の空欄にあてはまる最も適切なものを選択肢のうちから1つ選びなさい。

Alexandra の愛称は（　　　　）である。

① Alex　② Alexander　③男性　④女性

実際の授業や試験では、これをグループワークでやらせてもいいし、あるいは、まず個人で考えてからグループディスカッションを行ってもいいだろう。AO入試ならば、このあとに口頭試問を行って、なぜ、そのように考えたか思考の足跡を辿ればいい。そこまでの時間がなければ、なぜそのように考えたかを記述させてもいい。

相手に伝わる文章を書く

あるいは、もう少し出題のレベルを下げるなら、前に紹介した静岡大学の亘理陽一先生の発案のように、「正答率を上げるために、同じような問題を日本人に置き換えて出題しなさい」としてもいいかもしれない。

〔解答例〕
「ゆうちゃん」は男性にも女性にも使われるあだ名で、女性のユウカさんの愛称の場合もあれば、男性のユウキさんの愛称の場合もある。
↓ユウカさんのあだ名は（　　）である。
①ゆうちゃん　②ユウキ　③男性　④女性

国語という科目として考えるなら、『教科書が』に出てくる、正答率が低いとされた問題文を、班ごとに手分けして正答率を高める工夫を競うといった授業も面白いかもしれない。念のために書いておくが、この解答例で、正答率が本当に上がるかどうかが主要な課題ではない。今般の大学入試改革では、「思考力・判断力・表現力」が問われる。その中でも中核となるのは「思考力」だろう。しかし私は、せめて国公立大学や早慶上智、関関同立クラスの入試では、それが「何のための」「どこに向かっての」思考力なのかも、同時に問われるべきだと考えている。

『わかりあえないことから』にも書いてきたことだが、いくら論理的な思考力や表現力を身につけたところで、相手の気持ちを理解できなかったり、相手に伝わらなければ意味がない。それが本当の「表現力」だ。そしてその「相手」は、必ずしも論理的に思考したり理解してくれるとは限らない。能力の問題だけではない。「相手」が悲しみの淵にいたり、忙しかったり、恋に落ちて心ここにあらずだったり、前提条件が異なれば能力を持っていてもそれが発揮できない場面もたくさんある。

論理的に喋る能力と同じくらいに、論理的に喋れない人の気持ち（コンテクスト）をくみ取る能力も、これからの日本のリーダーには必要だろう。

さらに、これから日本が直面する急激な人口減少を少しでも緩和するためには、一定数、外国の方たちに日本で働き、暮らしてもらわなければならない。そのとき、彼らが誤解しにくい言葉で話し、また誤解しにくい文章を書く能力は、職場の管理職には必須のものとなるだろう。

AIと仲良くできる子どもを作る

賢明な読者ならもうおわかりのように、この議論の本当の本丸は『教科書が』のメインテーマでもあるＡＩだ。私たちはいずれ、ＡＩにわかりやすいように話し、わかりやすいように書くようになるだろう。いや実際に、もうその変化は始まっている。家電を操作したり、音楽をかけたり、さまざまな疑問に答えてくれたりするスマートスピーカーを使う人々は、そこに搭載されたＡＩが理解しやすいように話しかける。アメリカでは、スマートスピーカーに子育ての一部を委ねる家庭も増えていると聞くから、当然、その環境で育った子どもたちは、当たり前のようにＡＩにわかりやすい言葉を話すことになるだろう。

その推移に違和感をおぼえる人も多いだろうが、しかしこれは、おそらく社会言語学的な観点から見れば、きわめてまっとうな変化なのだと思う。

いささか大雑把な一般化を許していただくなら、以下のようなことが言えるだろう。言葉はハイコンテクストからローコンテクストに推移する。

ある言語が、等質の価値観を持った仲間内だけで話されるとき、それはハイコンテクストな言語になる。省略の多い日本語は、主要な言語の中で、もっともハイコンテクストな言語の一つだと言われている（異論のあることも承知している）。「日本人ならわかってよ」「そこはちょっと察してよ」という日本文化と、日本語の構造は鶏と卵のようにリンクしている。

言語は、多くの「他者」に触れ、異なるコンテクストをすりあわせる行為を通じて、ローコンテクストに推移する。私はこれを、「言語のエントロピー」と呼んできた。『わかりあえないことから』でも指摘したことだが、この変化はある種の味気なさを伴う。「AIにわかりやすいように喋る」と聞いて多くの方が抱く「違和感」の源泉はそこにある。しかし私たちは、その味気なさ、むなしさに耐えなければならない。

「教科書が読めない子どもたち」の存在は、それが事実だとすれば、そしてそれをなくす方策があるのなら、喫緊の課題となるだろう。しかし、少なくとも大学でのリーダーシップ教育や、あるいはこれからの高等教育のアクティブラーニングに求められるもう一つの課題は、日本語を母語としない人々にもAIにも誤読されない文章を書く、あるいは話す能力ではないだろうか。

新井先生の新刊は、『AIに負けない子どもを育てる』（二〇一九年、東洋経済新報社）だそうだ。

しかし私は、AIと仲良くできる子を育てた方がいいと思う。論理的に考えて、人間と

ＡＩが仕事を競うことはあり得ない。馬車が車に替わったように、便利になれば、産業構造や社会構造が変われば、人々は他の職業に就かざるを得ない。それはＡＩとの競争ではない。

「ＡＩに負けない子を育てる」のは、「自動車に負けない子を育てる」のと同じくらい、意味のない言説に思える。

第六章　非認知スキル

なぜ演劇教育なのか？

本書ではここまで、二〇二〇年度に行われる大学入試改革の本質や問題点、そして将来像を紹介してきた。そしてその中で、私の専門である演劇教育やコミュニケーション教育が、どのような役割を果たせるかについても言及してきた。しかし残念ながら、諸外国に比べて、日本ではまだ演劇教育への認知度は圧倒的に低いと言わざるを得ない。

コミュニケーション教育までは、いまはどこに行っても、まず皆さん、その重要さを理解はしてくださる。ところが、そこで「演劇」を持ち出すと、「え、どうして演劇なんですか？」「それは、本当に効果があるのですか？」という顔をされる。いやいや、ほとんどの先進国は国立大学に演劇学部があり、高校の選択必修にも演劇があるのですよといった話をしても、「ほー」と感心されるだけで納得はしてもらえない。

だが、ここに来て、福音とも呼べるデータが出てきた。お茶の水女子大学の浜野隆教授の研究チームが発表した「平成二九（二〇一七）年度全国学力・学習状況調査を活用した専門的な課題分析に関する調査研究」である。

この調査では、全国学力テストの際に行われる学習状況調査の追加調査として、保護者に対する調査を実施、分析し、家庭状況と学力の相関性を分析している。小中学生の保護者それぞれ七万人前後を対象とした大規模調査だ（これから記す内容は、すでに公表されている資料と、私が直接、浜野先生から伺って補足した内容を含んでいる）。

非認知スキル

まず、二つの重要な用語を整理しておく。

■「ＳＥＳ」（Socio-Economic Status ＝家庭の社会経済的背景）……ここでは、「家庭所得」「父親学歴」「母親学歴」の三変数による合成指標を用いている。

■「非認知スキル」……ＩＱや学力テストで測れる「認知できる能力」に対して、測定が難しいが知識や思考力を獲得するために必要だと思われる能力全般を指す。具体的には、集中力、忍耐心、やり遂げる力、協調性などなど、とにかく広範囲にわたる。

ＯＥＣＤ（経済協力開発機構）ではこの「非認知スキル」を、三つに分類している。

一、目標を達成する力（忍耐力、意欲、自己制御、自己効力感）
二、他者と協働する力（社会的スキル、協調性、共感性、信頼）
三、情動を制御する力（自尊心、自信、問題行動のリスクの低さ）

調査結果

では、調査結果を見ていこう。まず、ＳＥＳの高い家庭の子どもほど、学力テストの正答率が高い。これは、もはや常識となっており、前回、平成二五（二〇一三）年度の同様の調査と変わらない。今回、さらに明らかになったのは、まず以下の点だった。

■小六、中三とも、ＳＥＳが高いほど正答率の学力のばらつきが小さく、ＳＥＳが低くなるほどばらつきが大きい。

■小六の方が、中三よりもばらつきが大きい。

要するに、ＳＥＳの低い層（困難な家庭環境）でも一定数、高学力者が存在する。それは小六の方が大きな塊としてあり、中三になるとＳＥＳの格差と学力格差の相関性が強くなってしまう。おそらくＳＥＳの高い層は、塾に行かせるなどしているので、中三になると、ばらつきが小さくなるのだと考えられる。

ここから得られる結論として、理論上は、「ＳＥＳが低くても高い成績を示している一群」に関して、その理由を探れば、教育格差や、そこから生じる負の連鎖を断ち切るヒントが得られるかもしれないということになる。

非認知スキルとＳＥＳ

そこで浜野先生が着目したのが、前述した「非認知スキル」だった。まず、本調査では、

■「非認知スキル」は、子どもの学力とゆるやかな相関があり、小六の方が中三よりも学力との相関がやや強い。

■一方、「非認知スキル」とＳＥＳの間には、あまり相関が見られない。

■こうしたことから、ＳＥＳの高低にかかわらず（ＳＥＳが相対的に低い場合でも）、「非認知スキル」を高めることができれば、学力を一定程度押し上げる可能性がある。

（ただし今回の分析では両者の間にゆるやかな相関があることが確認できたに過ぎな

いため、この可能性がどの程度確かなのかはさらなる検討を必要とすることに留意）といったことがわかった。要するに、理論的には、困難な家庭環境に育ちながら、しかし成績が高い生徒たちが、どのような非認知スキルを持っているかを探れば、学力向上のための大きなヒントになるというわけだ。

そのことについても本調査では、ある程度の成果を上げている。先に掲げた困難を克服している生徒たちは、以下のような非認知スキルが高いことがわかってきた。

■ものごとを最後までやり遂げて、うれしかったことがある。
■難しいことでも、失敗を恐れないで挑戦している。
■自分には、よいところがあると思う。
■友だちの前で自分の考えや意見を発表することは得意だ。
■友だちと話し合うとき、友だちの話や意見を最後まで聞くことができる。
■友だちと話し合うとき、友だちの考えを受け止めて、自分の考えを持つことができる。
■学級会などの話し合いの活動で、自分とは異なる意見や少数意見のよさを生かしたり、折り合いをつけたりして話し合い、意見をまとめている。

■学級のみんなで協力して何かをやり遂げ、うれしかったことがある。

ただし、教育統計の常で、こういった非認知スキルと学力テストの成績のゆるやかな「相関性」は説明できても、因果関係は容易には説明できない。この点については、先に記した（　）内の但し書きの部分に示される通り、浜野先生はたいへん慎重で、また謙虚である。

学び合い

しかしコミュニケーション教育に長く関わってきた私たちには、たしかな実感があった。いま、「非認知スキル」とともに、学校現場で流行語のようになっている言葉に、「学び合い」という単語がある。これは、上越教育大学の西川純教授が提唱し、ここ数年で全国に広まった実践活動だ。

「学び合い」の定義は以下の通りである。

■学校観　学校は、多様な人と折り合いをつけて自らの課題を達成する経験を通して、その有効性を実感し、より多くの人が自分の同僚であることを学ぶ場である
■子ども観　子どもたちは有能である
■授業観　教師の仕事は、目標の設定、評価、環境の整備で、教授（子どもから見れば学習）は子どもに任せるべきである（『学び合い』wikiのHPより）

具体的な指導方法を、私なりに簡潔にまとめるなら、教員が一方的に教え込む授業から、生徒同士が学び合う授業へと質の転換を図るということだ。私はこの「学び合い」の本質とは、次のようなものだと思っている。

生徒・学生は教員の話など、ほとんど聞いていない。私自身、最初の発話は三割も聞いてくれれば御の字だと思っている。だからこそ、指導力のある先生は、大事なポイントは繰り返したり板書をしたりプリントを配ったりしてフォローしてきた。

一方、子どもたちは、友だちの発言には強い影響を受ける。演劇の授業をしていると、何より子どもたちは他のグループの成功や失敗から学ぶ点が多い。

左の図は有名な「Learning Pyramid」である。教員が一方的に話す場合、長期記憶に残

るのは五％程度だ。これが、読んだり書いたり、映像を入れたりすると二割、三割に上がり、さらにディスカッションや協働作業を入れると五割を超える。そして何より長期記憶に結びつくのは「他人に教える」ことだと言われている。「学び合い」とは、このような理論を実践に移した活動だと言えるだろう。

Learning Pyramid

（出所：National Training Laboratories, Bethel, Maine）

先に掲げた非認知スキルの高い子どもたちは、塾に行っていなくても成績がいい。それはおそらく、「学び合う力」が高いのだと思う。学校で、同じ四五分の授業を受けていても、教員からだけ情報を得ているか、あるいは三六〇度、全方向から情報を得ているかの違いだとも言える。

「学力」とは文字通り、「学ぶ力」だ。SESが低くても学力の高い一群は、「学ぶ力」「学び合う力」を持っている。だから塾に行っていなくても自分で学びを組み立てることができる。

以上のことからもわかるようにさまざまな非認知スキルの中でも、特に注目すべきは「学級会などの話し合いの活動で、自分とは異なる意見や少数意見のよさを生かしたり、折り合いをつけたりして話し合い、意見をまとめている」という能力だろう。美術教育や音楽教育の素晴らしさも、たしかにあるが、演劇教育が得意とするのはこの分野だ。私はよく、小学校の先生方には「声の小さい子は、無理して大きな声を出させなくていいですよ」と指導する。声の小さい子は「声の小さい子」という役をやらせれば一番うまいからだ。このように、どんな子どもにでも居場所を作り役割を分担できることが、演劇教育の最大の利点だと私は考えてきた。

朝食よりも美術館

浜野教授の研究には、他にも興味深い調査がある。

ベネッセ教育総合研究所で行われた「教育格差の発生・解消に関する調査研究報告書［二〇〇七年〜二〇〇八年］」は、学力テストの上位25％のA層と下位層25％のD層に関して、親の日頃の子どもに対する働きかけ、接し方の何が影響しているかを細かく調査している（左図）。

一番ポイント差の大きかったのは、「家には、本（マンガや雑誌を除く）がたくさんある」

保護者の子どもへの働きかけと子どもの学力の関係

（%）

「とても」と「まあ」の合計	国語			算数		
	A層	D層	差（A−D）	A層	D層	差（A−D）
子どもが小さいころ、絵本の読み聞かせをした	80.9	63.0	17.9	79.1	67.4	11.7
博物館や美術館に連れて行く	37.9	22.0	15.9	34.4	20.7	13.7
ほとんど毎日、子どもに「勉強しなさい」という	51.2	56.9	−5.7	49.5	56.8	−7.3
毎日子どもに朝食を食べさせている　**注1）**	93.2	82.8	10.4	91.0	81.8	9.2
子どもの勉強をみて教えている	59.7	58.8	0.9	57.4	58.5	−1.1
子どもに一日の出来事を聞く	87.1	86.0	1.1	88.6	86.1	2.5
子どもを決まった時間に寝かすようにしている	85.3	78.9	6.4	83.3	79.0	4.3
ニュースや新聞記事について子どもと話す	75.6	64.8	10.8	73.3	63.8	9.5
家には、本（マンガや雑誌を除く）がたくさんある	72.6	48.0	24.6	67.3	52.4	14.9
子どもがいつもお手伝いをする家事がある	58.5	60.1	−1.6	58.2	59.1	−0.9
テレビゲームで遊ぶ時間は限定している	63.4	55.3	8.1	62.3	53.0	9.3
（「テレビゲームは持っていない」と回答した割合）	9.9	4.0	5.9	9.0	4.2	4.8
子どもが英語や外国の文化にふれるよう意識している	57.7	40.2	17.5	55.4	41.6	13.8
子どもにいろいろな体験の機会をつくるよう意識している	86.3	81.1	5.2	88.4	79.0	9.4
以前のように、土曜日も学校で授業をしてほしい	59.3	66.4	−7.1	59.8	65.3	−5.5

注1）「とてもあてはまる」のみ。
注2） 差（A−D）の数値はポイント差を示す。
注3） 網かけは、国語、算数とも8ポイント以上の差があることを示す。

という項目で、小六の国語の学力テストの結果A層は七二・六％、D層は四八・〇％と、二五ポイント近い差がある。ちなみに算数の数値でも一五ポイントほどの差がある。

他にも、

■子どもが小さいころ、絵本の読み聞かせをした……一七・九ポイント差

■子どもが英語や外国の文化にふれるよう意識している……一七・五ポイント差

などがある。興味深いのは、次に大きなポイント差が付いたこの項目だ。

■博物館や美術館に連れて行く……一五・九ポイント差

これは、「毎日子どもに朝食を食べさせている」の一〇・四ポイント差を大きく上回っている。子どもの成績を上げたければ、朝ご飯を食べさせるより美術館に連れて行った方がいいということになる。

もちろん、「博物館や美術館に連れて行くような親は富裕層だから、子どもを塾に行か

せられるだけではないのか?」という疑問もあるだろう。しかし浜野先生に伺った話では、同等の所得層でも、こういった文化施設に連れて行く家庭と連れて行かない家庭では、子どもの成績に有意な差が見て取れるそうなのだ。

この点、これまで指摘してきた「教育政策と文化政策を連動させて、子ども一人一人の身体的文化資本を高める必要がある」という主張に、強いエビデンスが現れたと私は思っている。

余談になるが、さらに興味深い指標もある。

■ほとんど毎日、子どもに「勉強しなさい」という……マイナス五・七ポイント差

これは衝撃的な数字だ。乱暴な言い方をすれば、このD層の親たちは、「子どもに『勉強しろ、勉強しろ』とは言うが、博物館・美術館には連れて行かない」ということだ。あるいは、子どもの成績を上げようと思ったら、「勉強しろ、勉強しろ」などとは言わずに、周りにそっと本を置いておいた方がいいのかもしれない。好奇心をそそれば、子どもは勝手に学んでくれる。

教育政策における非認知スキル問題

さて、最新の教育統計は以上のような結果であり、そこから導き出される対応策も明確だろう。しかし、これを教育政策、文化政策として考えた場合には別の視点も必要となる。

博物館・美術館あるいは劇場に子どもを連れて行くことが、学力テストの成績と相関性があることはわかっていても、時間的、経済的制約があって連れて行けない親もいる。連れて行きたいとは思っても、どこに連れて行けばいいのかわからない親もいる。

それを自己責任というのは難しく、また、たとえそうだとしても子どもの責任ではない。さらに、最終的に学力格差は社会全体を不安定にするので自己責任として放置しておいていい問題でもない。

ここに、今後の教育政策、文化政策の大きな課題がある。すべての子どもたちに演劇教育、芸術教育を提供することが、最終的に社会全体のコストとリスクを軽減させる。冷静で長期的な視野に立った政策立案が、いまこそ望まれている。

第七章　豊岡市の挑戦

新しい自治体の試み

第三章で取り上げた岡山県奈義町は決して特殊な事例ではなく、このような文化や教育施策によって人口減少を緩和、あるいは克服しようとしている自治体が少なからず出てきている。

たとえば北海道の東川町。旭川市の東隣、大雪山系、北海道最高峰の旭岳の麓に位置するこの町は、一九五〇（昭和二五）年の人口一万人台を頂点に、他の小さな町村と同様、長期にわたる人口減少に苦しみ、九〇年代には六〇〇〇人台にまで落ち込んだ。しかし、そこからほぼV字回復し、現在の人口は八〇〇〇人台にまで達している。

この町は三〇年間、高校生の写真コンクール「写真甲子園」などの写真文化を守ってきた。いまは「写真文化首都」を宣言し、写真によって世界とつながっている。

人口増のからくりは、奈義町とほぼ同じだ。充実した子育て支援や教育政策と文化的なイメージを作って、近隣の旭川市から若い世帯の移住が増えている。東川町は家具の町でもあるので、若い家具職人の移住も増えている。人口の取り合いと言えば、それまでなのだが、奈義や東川なら三人目、四人目の子どもが産めるので、こういった自治体が増えれば多少なりとも人口減少は緩和される（抜本的な対策とまではいかないが）。
こういった自治体が、人口一万人以下の町を中心に少しずつ出てきているのだ。

豊岡市の改革

私が暮らし、文化政策担当参与を務めている兵庫県豊岡市でも、職員採用試験に二〇一七年から演劇的手法などを使ったグループワークを導入している。
たとえば、初年度の試験では、以下のような出題を行った。

【問題通し番号一二】

これから皆さんにディスカッションドラマを創ってもらいます。ディスカッションドラマというのは、文字通り、ディスカッション（議論）の様子をドラマにしたものです。人の出入りや動きなどは、あまり必要ありません。
これは発表の成果を問う試験ではありません。演技のうまい受験者が得をするような試験ではありません。

ただし、発表についても、あとのインタビュー（面接）で質問されると思いますので、最後までベストを尽くして行ってください。

グループワークの時間は九〇分です。

グループワークの時も発表の時も、部屋の中にあるホワイトボード、机や椅子は自由に使ってかまいません。

審査員のことは、できるだけ気にせずグループワークに集中してください。

部屋にあるパソコンは、情報検索にのみ利用してください。このパソコンで外部とメールのやりとりをすることはできません。

〈問題〉

以下の題材で、ディスカッションドラマ（討論劇）を創りなさい。

豊岡市は二〇〇五年、一市五町が合併してできた自治体です。しかしながら、二〇三〇年、旧城崎《きのさき》町地区の住民が豊岡市からの独立を希望し、自主的な住民投票では僅差ながら独立推進派が勝利しました。投票率は六〇％を超えていましたが、この住民投票に法的拘束力はありません。

豊岡市役所では、この問題を扱うための諮問委員会を設置することにしました。

・どのようなメンバーが必要かを考えてください。

・メンバーの中には、市役所側の人間、城崎独立派も入れてください。

その上で、旧城崎町の独立問題についてディスカッションドラマを創ってください。ディスカッションドラマですので、ディスカッションをして自分の意見を通すことが目的ではありません。各自が役割を分担し、どうすれば議論が盛り上がるかを考えて、最後に、一〇分から一五分のディスカッションドラマを創っていただきます。

発表の際には、それぞれの立場で、それぞれが推す案をもって発言をしてください。

市内のどんな立場の人が、どのような案を出すかをよく考えてください。

(参考)

それぞれの案に一長一短があればあるほど議論は盛り上がります。

さらに、誰が、どの順番で、どのような発言をすれば議論が盛り上がるかを考えてください。議論がかみ合うだけが目的ではありません。わざと脱線させたり、話の腰を折ったり、その脱線にヒントがあったりするかもしれません。
時間配分や役割分担を、しっかり考えてください。

同じく、一昨年出した、もう一問は以下の通り（前提となる詳細は省略する）。

【問題通し番号 一二】

（問題）
二〇二五年、豊岡市で繁殖したコウノトリが増えすぎ、ついに近くの新温泉町で登校中の児童を襲うという事件が発生しました。このままコウノトリの繁殖を続けるかどうか、豊岡市役所内でも議論が起き、対策の諮問委員会を設置することとなりました。
この問題についてのステークホルダーを洗い出して、ディスカッションドラマを創りなさい。登場人物を決定する際には、豊岡市の旧一市五町のこの問題に対する温度差も含めて表現してください。

（参考）

登場人物を考える際には、そのキャラクターも考えてください。頑固な人、優柔不断な人、協調性のある人。議論がうまくいく方法ではなく、どうしてうまくいかないのかを考えましょう。

一年目の採用試験については、就職した一期生にアンケートをとり、二年目の難易度などを調整した。巻末の付録に収録した【問題通し番号31】（二三七頁）で、登場人物の例を挙げているのは、その一例である。

コウノトリの町からアートの町へ

豊岡市は、問題文にもあるようにコウノトリの再生で名をはせた自治体だ。コウノトリは完全肉食なので田んぼにドジョウや蛙がいないと生きていけない。兵庫県と連携しコウノトリの孵化、野生復帰に成功した豊岡市は、次に無農薬の田んぼを増やし、コンクリートで固めた圃場《ほじょう》を土に戻すなどしてコウノトリが生きやすい環境を整備してきた。さらに、そこで生まれた無農薬・減農薬米を「コウノトリ育むお米」としてブランド化し、いまや高価格での流通に成功している。これを豊岡市は「環境と経済の両立」と呼んできた。

豊岡市が次に目をつけたのがアートだった。

豊岡市は城崎温泉という日本有数の温泉地を抱えている。その温泉街の端に、県立城崎大会議館という一〇〇〇人収容の会議場があった。三〇年以上前に建てられたこの施設は、開館以降、一度も一〇〇〇人を満たしたことがなく、典型的なお荷物施設となっていた。

この施設の県からの払い下げが決まり、市としても、いったいどう活用するか、潰して駐車場にでもするかと話し合っていたところ、市長が急に「劇団やダンスのカンパニーに貸し出したらどうだ?」と言い出したことから物語は始まる。

私はたまたま、その時期に豊岡市に文化講演会で招かれており、空いている時間に担当者から会議館の利用について相談を受けた。実際に案内してもらうと、城崎の街並みは想像以上に素晴らしかった。しかし、くだんの大会議館はお世辞にもセンスのある建築物とは言えず、これを利活用するのはよほどの知恵が要ると思われた。

しかし紆余曲折あって、私はこの施設の再生のための検討委員となり、二〇一四年、城崎国際アートセンター（ＫＩＡＣ）としてのリニューアル後には芸術監督に就任する。

このＫＩＡＣは、世界でも珍しい演劇、ダンスといった、いわゆるパフォーミングアーツに特化したアーティスト・イン・レジデンス滞在型作品制作の施設となっている。会議場を改装した巨大な劇場空間と、六つのスタジオ、そして最大で二二名までが宿泊滞在できる和洋室。滞在中は自炊ができるように、キッチンやカフェスペースも備えている。

開館一年目、それまで年間二〇日間しか使われていなかったこの施設は、三〇〇日以上の稼働を実現した。現在では、毎年世界二〇ヵ国以上から、一〇〇件近い利用の申し込みがあり、その中から二〇前後の団体を選んで滞在制作をしてもらっている。最長三ヵ月の利用料はすべて無料。ただしアーティストには、公開リハーサルなど滞在の成果を地域に還元してもらうことになっている。

だが豊岡の改革はＫＩＡＣに止まらなかった。というよりも、これは大きな物語の始まりに過ぎなかった。

豊岡市の教育改革

兵庫県豊岡市の文化政策、あるいは教育政策の特徴は、それが深く「地方創生」すなわち人口減少対策と結びついている点にある。

序章でも書いたように、豊岡市では市内三八のすべての小中学校で演劇的手法を使ったコミュニケーション教育を導入している。

もともとＫＩＡＣは、地域からもろ手を挙げて歓迎されていたわけではなかった。それはそうだろう。「日本初の、世界でもあまり例を見ないパフォーミングアーツに特化したレジデンス施設を作る」と言っても、「一体何のことだ?」と一般の方は考えるだろう。通常の劇場と違って、集客施設でもないアートセンターを作って、どんな経済効果があるのかもまったくわからない。創設に関わり、後に芸術監督に就任した私でさえ、ここにレジデンス施設を作って、果たして利用者がいるだろうかと内心は相当不安だった。

そこで私たちは、開館の前後にアウトリーチと呼ばれる活動を多く行った。要するに「こういう文化施設ができれば、こんなことも実現可能ですよ」というモデルを示す宣伝活動だ。ホテルのロビーでリーディング（演出付きの朗読会）を行ったり、私が講演会を開いたり、そして城崎小学校ではモデル授業を行った。

そのモデル授業を教育長がたまたま見に来て、「これだ！」と思ったらしく、数週間後に「三年かけて、これを全校実施したい。そのための方策を練りたい」と連絡があった。すでに市長も了解済みで予算も確保したという。

そこで最初はモデル校を定めて私が授業を行い、夏休みの研修なども、コミュニケーション教育に焦点をあて、三年をかけてすべての教員が演劇を使った授業を行えるように基盤作りを進めることになった。

序章にも書いたように、豊岡市教委の狙いの一つは、若手教員の授業力の向上にあった。この授業は、総合的な学習の時間に行われるので、担任になったすべての教員が実施をしなければならない。こうして演劇教育の授業を経験することで、特に中学の先生が自分の教科の授業もアクティブラーニング化する一つのきっかけにしようと市教委は考えた。

豊岡市は人口約八万人、同市を含む兵庫県北の但馬地域でも一六万人余だが、面積は広大で東京都全域に等しく、兵庫県の四分の一を占めている。そのため教員は、但馬圏域内での異動が主であり、団塊の世代が抜けたあとの大量採用の時代に採った若い教員たちを今きちんと育てておけば、将来、確実に、但馬の教育を背負っていく人材となってくれる。

現在は小学六年生と中学一年生が、各学期三時間ずつのコミュニケーション教育の授業を受けている。二〇一九年度からは、さらに低学年向けにもモデル授業を開始し、効果を測定しつつ全校実施を目指すことになっている。特にここでは、先に掲げた非認知スキルに注目し、その向上を主目的と定めた。

地方創生戦略としての教育改革

先にも記したように、これらの施策の多くの部分は、地方創生の予算でまかなわれている。子育て支援はもちろんだが、教育政策と文化政策がしっかりしている自治体でないと、Iターン者・Jターン者に選ばれない時代になってくるだろうという認識があるからだ。

これまで多くの自治体は、U・I・Jターン者が「来る理由」ばかりを考えてきた。来る理由は「雇用」である。どの自治体も雇用を増やそうと企業誘致、工場誘致に努めてきた。それはもちろん、間違いではない。雇用がなければ人々は戻ってこない、しかしそれは、必要条件ではあるが十分条件ではなかった。

あるいは、Iターン希望者にアンケート調査をすれば、多くの子育て世帯が、「豊かな自然のもとで子どもを育てたい」と答える。さまざまな統計では、東京に住む若い世代の三割ないし四割がIターンやUターンを考えているとも言われる。しかし現実には、若者たちは戻ってこない。

岡山県奈義町の項でも触れたことだが、本来、自治体は「来ない理由」に着目しなければならなかった。来ない理由は、「医療、教育、文化」に対する不安である。医療は、全国津々浦々、相当に整備が進んだ。あとは教育と、食文化やスポーツも含めた広い意味での文化、居場所作りだ。

実際に豊岡市では、市主催の演劇ワークショップを東京や大阪で開催している。ここではまず私が豊岡市の教育政策について簡単に説明をし、これから行うワークショップを豊岡市内ではすべての小中学校で実施していることを伝える。そのあと子どもたちにワークショップを受けてもらい、保護者はそれを見学。最後に、これらがなぜ必要なのか、本書で扱ってきたように二〇二〇年度の大学入試改革問題などと絡めて再度説明する。

帰り際に豊岡名産の無農薬・減農薬米である「コウノトリ育むお米」を配り、同時にI・Jターンの資料を配付する。最後に一番値段の高い「移住」という商品を売りつける、これを私は「羽毛布団商法」と呼んでいる。

今どき、総務省あたりが主催して幕張メッセなどで行われる「Iターンフェスタ」といった催しに参加したところで、自治体からすれば砂漠に水をまくような気持ちになる。参加者の側も、似たような内容のパンフレットや資料だけが増えて決め手に欠ける。それよりもターゲットを絞り、「豊岡なら将来を見据えた高水準の教育を保証していますよ。安心して移住してきてください」と訴えた方が確実に手応えがある。世界有数のアーティスト・イン・レジデンスの施設である城崎国際アートセンターを有しており、そこでは毎月のように公開リハーサルが行われているので、国内外の最先端のダンスや舞台も無料で観劇できる。無農薬の食材も安定して手に入りやすい。こういった、いわゆる各種の「ソフトパワー」を前面に押し出して、I・Jターンを呼び込もうというのが豊岡市の地方創生戦略だ。

専門職大学の設立

県からの払い下げ施設であった城崎国際アートセンターの成功は、県知事からも高い評価を得た。私はこの施設の芸術監督として、また、市の文化政策担当参与として、豊岡市の文化政策および教育政策に深く関与することとなった。

そんなある日、コウノトリ但馬空港から伊丹空港へと向かう飛行機で中貝宗治豊岡市長と乗り合わせた際に、「専門職大学という制度ができるようなのだが、これを豊岡市に誘致できないだろうか？」と相談を受けた。

専門職大学とは、二〇一九年四月から始まった新しい大学の制度である。大学に関するものとしては、五五年ぶりに誕生した新制度で、その名の通り専門職の養成を旨として、一定時間の臨地実務実習（インターンなど）が義務づけられている。主には既存の専門学校などが大学に昇格することが想定されており、実務家教員を多く採用することなどの条件がある。また、校舎などの認可基準が、一般の大学より少し緩くなっている。

当初、中貝市長は、市内に現存する県立但馬技術大学校という職業訓練学校を改組して、観光を中心とした専門職大学にできないかと考えていた。私自身は、そこに演劇を入れてもらえるなら豊岡に移住してもいいと伝えた。二〇分の短いフライトの間の出来事だった。

他の先進国には、国立大学や州立大学に必ず演劇学部があり、また他に国立演劇学校なども設置されている。韓国では、国公私立あわせて、映画・演劇学部のある大学が一〇〇近くある。人口比で言えば日本の二〇倍だ。これが韓国映画や韓流ドラマの隆盛を支えている。韓国の俳優たちは、大学で現代演劇から伝統芸能までを体系立てて学ぶので、普通のドラマにも時代劇にも出演できる。

それに比べて、たとえば私の勤務校の一つである東京藝術大学には、音楽学部と美術学部は（その前身を含めれば）一〇〇年以上前からあるが、演劇学部はない。これは、先進国としては異常なことなのだ。

「国公立大学に演劇学部を」というのは、日本演劇界の悲願だった。

一方で兵庫県北、但馬地域には四年制大学がなく、これが人口減少、人口流出の大きな要因となってきた。大学の設置は但馬全域の悲願でもあった。

この二つの悲願が大きな推進力となって、専門職大学設置に向けてのプロジェクトが動き出した。既存の職業訓練学校にはやはり本来の役割があり、結局、観光とアートを中心とした専門職大学を新設することとなった。二〇一七年の兵庫県知事選では現知事の公約にも入り、当選後には動きが加速した。もちろん、国の認可という高いハードルがあるが、順調に進めば二〇二一年四月には、豊岡駅前に県立の専門職大学が開学する。紆余曲折あって、私はその新設大学の学長候補者となっている。

教育政策と文化政策の融合

豊岡市のもう一つの特徴は、教育政策と文化政策を連動させている点にある。

豊岡市では、小学校二年生は全員、私が子ども向けに創った『サンタクロース会議』という作品を観劇し、六年生は近畿最古の芝居小屋である出石《いずし》の永楽館で狂言を鑑賞する。

こうして授業や演劇鑑賞といった公教育で演劇に触れ、さらに関心を持った子どもたちは城崎国際アートセンターで、ほぼ毎月、無料で最先端の演劇やコンテンポラリーダンスの公開リハーサルを観ることができる。もっと先に進みたいと考える中高生には、豊岡駅前にある市民プラザという別の施設で、東京や大阪から招いたプロの演出家による指導で、一週間ほどかけて演劇を創るワークショップなども用意されている。これらは現状でも、ほぼ無償で子どもたちに提供されている。ここに大学ができれば、大学の教員が新しいプログラムを地域に向けてさらに提供していくことになる。

前後して、但馬圏域の多くの高校でも演劇的手法を使ったコミュニケーション教育が始まった。これも、大学が開学すれば「高大接続」ということで、大学の教員が担当する授業を開講したり、高校生が大学の講義を受けることが可能になり、より多様なプログラムを組むことができるようになる。このまま進めば、数年後には幼児教育から大学まで、豊岡、但馬は、世界有数の演劇教育の最先端地域となる。

文化政策、とりわけ子どもに向けてのそれは、薄く広く、多くの文化体験をさせ、その中から関心を持った子どもたちが、その関心に応じてステップアップしていけるピラミッド構造が理想とされる。豊岡市では、まだまだ不完全な面はあるとはいえ、ほぼそのピラミッドの原型は出来つつあると考えている。

文化施設の水平分業

「劇場」とは、いわゆる鑑賞を中心とした「学習機能」、ワークショップなどの「交流機能」、そして作品を創っていく「創造・発信機能」を持った施設でなければならないと考えられている。私はこれをよく病院に例える。総合病院は、もちろん病気やけがの治療もするが、健康相談や健康診断も行うし、新薬の開発・治験など最先端の研究も行わなければならない。これからの公共劇場にも、同じように多様な機能が求められる。

豊岡市は二〇〇五年、一市五町が合併してできた兵庫県で最も広い市だ。全国の合併自治体と同様に、余剰施設を多く抱えている。そこで豊岡市では、劇場が持つべき多様な機能を、いくつかの劇場に分散させた。これを私は「劇場機能の水平分業」と呼んできた。

具体的には、

学習（鑑賞）機能……豊岡市民会館、出石永楽館
交流機能…………豊岡市民プラザ
創造・発信機能………城崎国際アートセンター

という具合だ。市民会館は、いわゆる普通の劇場で、コンサートやカラオケ大会にも利用される。永楽館は前述の通り近畿最古の芝居小屋で、毎年秋には片岡愛之助さん一座の歌舞伎の興行も行われる。市民プラザは豊岡駅に直結しており交通の便がいい。城崎国際アートセンターは、これも前述の通り、最先端のアートの発信地となっている。

人口の少ない旧但東町（東端）は旧出石町に、旧竹野町（西北端）は旧城崎町にそれぞれ隣接している。ただ、旧豊岡市に次ぐ人口を有する旧日高町だけが演劇施設から遠く、エアポケットのようになっていた。そこで、この日高町の旧町役場を改装して、新たに小劇場を作り、私たちの劇団の拠点とすることになった。私の学長就任、豊岡移住に伴い、劇団も移転することになったのだ。

豊岡演劇祭

さらに、こうした市内のさまざまな文化施設を使って「豊岡演劇祭」も開催する（二〇一九年九月に第0回を先行実施）。

南仏で開かれる世界最大の演劇祭であるアヴィニヨン演劇祭は、正式招待作品は三〇演目程度だが、「フリンジ」と呼ばれる自主参加の演目を加えると一ヵ月に最大で千数百の演劇やダンスの上演が行われることになる。

期間中、市内のさまざまな施設、教会も納屋も駐車場も、すべてが劇場になり、朝九時から夜の一二時過ぎまで入れ替わり立ち替わり、多くの公演が行われる。少しでも評判がいいと、まず有力ブロガーが観劇に来る。いいブログがいくつか出ると、本職の批評家たちもやってきて、気に入られれば新聞記事になる。各芝居小屋の前には、それらが貼られた掲示板があり、勝ち組と負け組がはっきり分かれる。

この演劇祭には、世界中から劇場プロデューサーや芸術監督、演劇フェスティバルのディレクターなどがやってくる。最終的には、この人たちが作品を観て、気に入れば翌朝には、すぐに路頭のカフェで商談となる。こうして新しい才能が、ヨーロッパに何千とある劇場、何百とあるフェスティバルに買い付けられていく。この自由参加（フリンジ）を中心として見本市的な機能を持ったフェスティバルは、まだアジアではどこも成功していない。

豊岡には城崎温泉だけではなく、神鍋《かんなべ》高原という巨大な宿泊施設群がある。演劇祭開催予定の九月には、すでに閑散期に入りつつあるので、これを実行委員会が借り上げて宿泊場所を提供する。すでに劇場施設は多くあり、さらに空き店舗などを上演空間として利用する。

新設の専門職大学は、完全クォーター制（四学期制）を予定しており、七月から九月の夏学期は、主に臨地実習や短期留学の期間に充てられる。一学年八〇人の小さな大学だが、半分の学生がこの演劇祭での実習コースを受講するとすれば、一五〇名の専門性の高い学生ボランティアが初めから用意されている、きわめて恵まれた演劇祭となる。

ここで模索しているのは、地域に密接に関わり、幼児教育、初等教育からきちんと積み上げを行いながら、しかも国際社会への扉も開かれている、そういった新しい「学びのかたち」だ。世界でも類を見ない試みが、いま人口八万人の町で始まろうとしている。

終　章　本当にわからない

進学意識の格差

私は二〇一七年の暮れ、五五歳にして初めて父親となった。息子はいま二歳。家族で移住をした兵庫県豊岡市ですくすくと育っている。本書の『22世紀を見る君たちへ』という題は、当然、わが子のことを意識してつけた。

豊岡に移住をした理由は専門職大学の学長候補者となっていることが一番だが、子どもの教育を考えてのことでもあった。自然の中でのんびりと育てたいといった漠然とした願望の他に、もう少し切実な理由もある。

私は東京の目黒区駒場という街に生まれ育った。最寄りの駅は京王井の頭線の駒場東大前。その名の通り、東京大学駒場キャンパスの〝門前町〟だ。私自身は駒場幼稚園、目黒区立駒場小学校、目黒区立第一中学校、都立駒場高校定時制と徒歩五分圏内のところで通学を済ませてきた。私の世代では中高一貫校に進む方が少数派だったから、中学まではさほど珍しい進路ではない。

ただ、それでも環境は多少、特殊だった。東大のキャンパスに食い込むようにしてある駒場小学校は、何の変哲もない公立小学校だが、私の学年は百人中五人が東大に進んでいる。これは近年、教育社会学でよく言われるようになった「進路意識」の格差の典型だ。公立の小学校でも地域によって、子どもの頃から「普通、みんな、大学に行くものだ」と思って過ごした学校と、「大学というのは裕福な家庭に育った頭のいい奴だけが行くところだ」と多くの子どもが思っている学校では、進路意識に大きな差がつき、実際にそれが進学実績にも現れる。

私の父はよく「孟子のお母さんなら、間違いなく駒場を選ぶ」と言っていた。学校の近くに住めば子どもは自ずと勉強するようになるという孟母三遷の教えを、いまはビッグデータが裏付けている。

たしかに、東大だけではなく筑波大学附属駒場中高、駒場東邦中高、都立駒場高校、都立国際高校（私の子どもの頃にはなかったが）と名だたる進学校に囲まれたこの駒場の地では、子どもたちは少しでも学校の成績がよければ、「この子は将来、東大に行くものだ」と思って育てられる。子どもたちもまた、無意識にそのように感じて育つ。私は逆にそのような競争レースが続くことに耐えられずに、定時制高校への進学を選び、自転車で世界一周をするという極端な進路選択をしたわけだが、これとて恵まれた環境の裏返しだとも言えるだろう。

実際、私は、三〇を過ぎて地方を回るようになって初めて、自分の子どもが十分に大学に行ける学力があっても、「うちの子はいいです」と、高等教育への進学を選ばせない保護者がいることを知った。そのような親は、少年時代の私の周りにはいなかった。駒場では、商店街の子どもでも、成績がよければ東大にも早慶にも普通に進学していたから。

そういうわけで駒場小学校は昔も今も、子どもの進学のためにアパートを借りて住民票だけ移しているが居住はしていない「隠れ越境入学」がいるほどの人気校である。私の時代は一学年三クラス約一〇〇名が学んでいた。少子化のいまも一学年二クラスから三クラス、六〇～八〇名が在籍している。近くの菅刈小学校も一クラスから二クラス、約三〇～五〇名程度。しかし、この二つの小学校は現在、七割前後が中学受験をする。その結果、二つの公立小学校から進学するはずの目黒一中は学年二クラス約五〇名程度しか生徒がいない。すなわち目黒区北部では、約四割しか地元の中学校には進学しないのだ。そしてその四割は、中学受験を選ばなかった層と、中学受験に落ちた子どもたちで構成されている。

多様性がどこにもない

序章にも書いたように、中高一貫校の良さも多くある。どのような進路を選ぶかは個人と家庭の自由だ。

私個人は、多様性の観点から、できれば自分の子どもは中学校くらいまでは公立の方がいいのではないかと考えてきた（もちろん子どもの向き不向きが一番大切だから、これも一様には言えず、一〇年後には私も考え方を変えているかもしれない）。だが、もはや東京の都心部では、公立中学にも「多様性」は存在しない。

東京藝術大学や大阪大学で教鞭を執っていると、年々、学生たちが富裕層、中高一貫校、そして都市部の出身者に限られてきていることを感じる。これは第二章の「東工大の八・七・六問題」でも触れた。授業で「文化による社会包摂」といった話をしても、頭で理解はできるが実感がわかないようだ。なにしろ、周囲に貧乏な家の子がいなかったのだから。

「せめて中学校まで」と思うのは、まさに日本の貧困問題が「相対的貧困」だからだ。「相対的貧困」は表面化しにくい。小学生くらいでは、その格差が子ども同士では理解できない。中学生になって、友だち同士で「おい、日曜日にスケート行こうぜ」となったときに、「いや、俺ちょっとやめとくわ」という子が周囲にいて、初めて貧困、格差は実感できる。

こうしたことを一度も経験しないで多くの子どもたちが、大学生そして社会人になっていく。もちろん大多数の若者は、アルバイトなどの社会経験の中で少しずつ現実に直面するのだろう。しかし、バイト先の選択にさえ格差が見え隠れするのが現状だ。

部分最適が全体最適を壊す

東京都心部では、中学校でさえ多様性はもはやない。公教育が、気がつかないうちに、ゆっくりと崩れていっている。これは単に、格差の再生産といった問題だけではない。

たとえば、地元の子どもが四割しか行かない中学校になってしまうと（一部はすでに現実になっているわけだが）おそらく一番困るのは災害のときだと思う。誰がどこの子どもかが、誰にもわからないのだ。まして東日本大震災のときのように登下校の時間帯などに震災が起きれば、地域と子どもたち（その背後にいる家族）の結びつきの弱い東京は、おそらく大パニックになるだろう。

しかし、このことを誰も指摘しない。

親は自分の子どもがかわいいから、その子どもにとってよかれと思う進路選択をさせる。地元の子どもが四割しか行かない中学に進学させるのは、正直、それなりのリスクがある（名誉のために書いておくが、目黒区の中学校はそれぞれの教員たちの献身的な努力で、学力なども一定の水準を保ってはいる）。地元の公立中学への進学率が五割を切れば、どの地域でもスパイラル状に状況は悪化していくだろう。

東京では私立だけではなく、都立の中高一貫校も人気だ。それに対抗するかのように、品川区など小中一貫の義務教育を行う自治体も増えている。子どもたちが草刈り場になって、それぞれの学校に囲い込まれていく。

繰り返すが、個々人の判断も、各区や都の教育委員会の制度設計さえも、とりあえずは大きく間違ってはいない。

しかし、すでに制度疲労を起こしている六・三・三・四制そのものの改革を放置し、各自が場当たり的に判断を行うので、公教育がゆっくりと崩壊していっているのだ。

この緩やかな崩壊が社会に何をもたらすのかの真剣な議論もない。

トラッキング

日本の教育制度の特徴は、中学校（義務教育段階）までをきわめて平等に扱い、高校に入る段階で、はっきりとトラッキングが行われる点にある。トラッキングとは教育社会学の用語で、陸上競技のトラックになぞらえて、能力別のコース分けが行われることを指す。いわゆる高校進学時の偏差値による「輪切り」現象はトラッキングの典型例だ。

多くの日本人は、高校において階層化が行われる現象を通常のことと考えているが、まだ高校まではトラッキングをさほど行わない国もある。いまはずいぶん状況が変わってきたようだが、アメリカなどは比較的、このトラッキングが緩やかだ。

前出の『教育格差』では、この状況を映画を例に説明していてわかりやすい。アメリカの古いハイスクールものの映画やドラマを見ていると、たしかに優等生から劣等生までいろいろな生徒が登場する。多くの生徒が地元の学校に進むアメリカのハイスクールは、おしなべて大規模で、能力や学年に応じてさまざまな授業が取れるように構成されている。

当然、こういったあり方に不満を持つ層も出てくるだろう。かつてはアメリカでは（あるいはイギリスでも）私立の有名高校に行かせるのは、きわめて限られた層であったが、いまはそれも崩れてきているらしい。大都市圏を中心に公立学校の多くが民営化され、教育内容を競うようになってきたのだ。

早期のトラッキングの一番の長所は、「教えやすい」という点にある。

正直言って、私自身、ある程度学力の高い生徒が集まっている高校のほうが教えやすい。ジョーク一つとっても、それを理解できるかどうかは学力に比例してしまうから。

一定程度の学力の生徒が集まっていれば、その学力に合わせて授業を高度化していける。だから、ある程度の学力を持った子どもたちやその親たちは、できるだけ早い段階でのトラッキングを望む。そして彼らが資産を持っていれば、当然、お金を出してでも、そういった階層化された中学・高校への進学を検討するだろう。実際に大学では確かなトラッキングが行われるわけだから（これは濃淡あるが諸外国でも同じだ）、中学からのトラッキングも高校からのトラッキングも、時期の問題であって「絶対にダメ」とか「絶対にこの方がいい」といった答えは出せない。

一方で、「万が一、震災が起きたときに心配だから」と言って、わが子を地元の中学・高校に進学させる親はおそらく皆無だ。

だが、社会全体にとっては、果たしてこれでいいのかと考えてしまう。あらためて、その問題点を、理想論から現実論という傾斜で並べてみよう。

■さまざまな学力の生徒がいた方が、学び合いの機能が発揮されやすく、エリート層の生徒にも学ぶ力が身につく（これはさすがに理想論にすぎるかもしれないが、中学校くらいなら、教員の力量次第でこのような現象は起こせるかもしれない）。

■本書でも触れてきたように、エリート層にも（いや、エリート層こそ）そのような多様性理解、他者理解が必要である。

■これも本書で触れてきたように、アクティブラーニング化に際しては、さまざまな階層の人間がいた方がいいので、学級構成にあたっては、従来型の学力一辺倒ではなく、体育が得意な子、音楽が得意な子といった多様性を持たせた方がいい。

■これからの日本社会は、ますます多様化していくから、いろいろな人で構成される社会に慣れておくことが必要だ。

■地元の学校に通わせた方が、地域社会との結びつきが強くなり、防災や防犯などの面を考えても中学くらいまで地元に通わせた方が社会が安定する。

それでも、多くの親は、きっと学力水準の高い中高一貫校を選ぶだろうし、公教育の制度を変えたところで、それに応じた新たな私立学校の制度が生まれるだろう。私学への補助を減らしたり無償化の対象を公立学校に限定するといった大ナタも、理論上は考えられるが、現実的ではない。

日本が資本主義社会、自由な民主主義社会である以上、この流れの方向を変えることは難しい。

学校群制度は間違っていたのか？

そもそも、高校段階でのトラッキングが激しいという日本の教育の特徴も、意図してこうなったのではない側面がある。

焼け野原の中で行われた戦後の学制改革の時点では、こんなに早く高校全入時代が来るとは誰も思っていなかったのだろう。実際、一九五〇年前後には四〇%台だった高校進学率は、たった二〇年で九〇%まで急上昇する。団塊の世代が一挙に高校受験をするようになったのだから大変な混乱があっただろう。「十五の春を泣かせない」として高校を次々に作っていった当時の政策は、決して間違っていなかったと思う。

いまでは教育政策の失敗例として語られる都立高校の学校群制度も、こうした高校進学希望者の急増と急速な階層化、競争の激化を受けてのものだった。場当たり的というそしりは免れないが、しかし当時、ゆっくりと議論をしている時間すらなかったことも想像に難くない。

学校群制度は学校間格差を多少は緩和したが、学校群間の序列化はやはり進んだ。そして、誰も予想しなかったペースで「都立高校離れ」が始まった。これから始まる高校無償化などがそれに拍車をかけ、いまや中高一貫校への進学が「普通」に近づきつつあるのは、これまで見てきた通りだ。

未来は誰にもわからない。

マシュマロ・テスト

本文中で私は、浜野隆先生が調査研究の結果から着目した非認知スキルを取り上げ、これをコミュニケーション教育のための福音と書いた。しかし、この非認知スキルも、取り扱いようによっては難しい面がある。

たとえば、非認知スキルを語る上での有名な実験と調査に、アメリカのスタンフォード大学の心理学者ウォルター・ミシェル教授が行った「マシュマロ・テスト」がある（これは六〇年代に行った実験だが、こういった一連の実験の追跡調査が、今世紀に入って「エビデンス」として結実し始めた)。

実験の内容を簡潔に記すと、四歳児の目の前にマシュマロが一個のったお皿を置き、「私が戻ってくるまで我慢できたら、もう一つあげるよ」と言って部屋を出て行く。一五分後に実験者は部屋に戻ってくるのだが、我慢できた子どもは四分の一程度だった。

さらに数十年の追跡調査によって、この「我慢できた子どもたち」はSAT(大学進学適性試験)のスコアなどが高く、当然収入も多く、また健康状態さえも良いということがわかった。まぁ「それはそうだろう」と思う反面、それをはっきりと数字で示されると、ある種の衝撃が走る。

よく知られるように、欧米では貧困世帯や低学歴層ほど肥満が多く、結果として生活習慣病を発症しやすい。日本では、偏見にもつながるので、こういった統計はあまり出さないか、あるいはそもそもとっていないのだろうが、エビデンス好きのアメリカでは、七〇年代以降に取り始めたこういった調査結果が、いま、ビッグデータとして幅をきかせている。

世界中の先進国にとって高齢者医療費の増大は大きな社会課題であり、その医療費負担の多くを生活習慣病が占めている。この生活習慣病の発症と、先の非認知スキルの中でも

「自制心」の部分と、そして「学歴」や「所得」の三者には強い相関性が出るだろうことは容易に想像できる。

だから行政としては、非認知スキルが形成される幼児期の教育に力を入れて（事前分配）「自制心」を付けさせることが、五〇年後、六〇年後の高齢者医療費負担（事後分配）を軽減させると考える。きわめてまっとうな議論だ。

非認知スキルの落とし穴

前出の『教育格差』で繰り返し書かれているように、教育政策、教育制度改革は、このようなたしかな教育統計を基に立案されるべきである。私はそのことに異議は唱えない。

しかし、先のマシュマロ・テストそのものに違和感を覚える人も多いのではないか。おそらく、その違和感も多様だろう。

まぁ単純に、「俺なら食べちゃうな。え、だって四歳児でしょ」という感想を持つ人が多いと思う。なにしろ四分の三のマジョリティは「食べちゃう」方なのだから。

私も「食べちゃう」派だ。そしておそらく、作家や、あるいは起業家になるような人材は、この「食べちゃう」派なのではないかという印象がある。もちろん、確かなデータに対して「俺は違った」という言い方は禁物だ。教育において例外はいくらでも見つけられるという件は序章から繰り返し指摘してきた。

私が言いたいのは、食べた子どもたちの将来について、もう少し細かいデータが欲しいということだ。たしかに大学進学という点ならば「食べなかった」子どもたちの方がポイントは高いだろう。しかし「食べちゃった」子どもの利点は本当にないのか？　この点で「俺は違った」という観点ではない科学的データをもらいたい。

あるいは、一五分という時間について。これが五分の場合は、どうなのか？　一時間の場合はどうなのか？　それと将来の学校の成績分布は相関性があるのか。データと呼ぶなら、もっと細かな分析が欲しい。しかし残念ながら、そういった研究、調査は存外少ない。

浜野先生の調査研究が優れていると感じるのは、最初の調査に続いて、その際に感じられた「ばらつき」に注目し、そこを深掘りしていった点にある。ビッグデータはたしかに重要だが、そこからこぼれ落ちるもの、そこからはみ出したものの抱えるリスク、それらも検討することが重要だろう。さらなる冷静な議論が待たれる。

再び、愛のある教育

序章でも宣言したように、本書では、教育制度改革については何の結論も示せない。だって、未来のことはわからないから。

繰り返すが、教育制度改革を行う上では、印象論ではなく、きちんとした教育統計に基づく議論が必要だ。自己の経験を押しつけるのも禁物だろう。

しかし一方で、データは暴走するという性質を持っている。アメリカでは、このデータ重視、エビデンス重視が過度な学校間の競争を引き起こしている。「競争こそが社会を発展させる」という新自由主義的な発想が教育界にも持ち込まれ、ゼロトレランス（不寛容）と呼ばれる極端な管理教育と結びついて子どもたちを追い詰めている。

日本でも、全国学力テストにおいて、政令指定都市で二年連続最下位となった大阪市は、当時の市長が業を煮やして、市独自の学力テストの成績を校長や教員の評価の対象にすると発言し物議を醸した。

アメリカでは、学校の予算配分なども学力テストの結果によって決まるために学校間格差が助長される結果となっている。そのために学力テストに関する不正も頻発している。

イギリスでは、サッチャー政権下で、全国テストの学校ごとの結果を一般にも公表するようになった。当然、親たちは成績のいい学校に自分の子どもを通わせようとする。生徒数の多い学校には予算が多く配分されるので、ここでも格差が広がった。これが限界に来て、基本的に学校は地域の子どもを優先して受け入れるようになったが、すると今度は富裕層が子どもの進学のために成績のいい学校の近所に移り住むようになり地価が上がり家賃も上がり、低所得者層は住めなくなるといった悲喜劇が繰り返されるようになった。これらの一連の状況や現状は、ブレイディみかこさんの名著『ぼくはイエローでホワイトで、ちょっとブルー』（二〇一九年、新潮社）にも詳しい。

しかし一方で、そのような新自由主義的な傾向に異を唱える人々は、PISA（学習到達度調査）を始めとする一連の学力テストそのものにも異議を唱え始めて「反エビデンス！」といった面持ちになっている。私はこれも受け入れがたい。どうして、こんな二項対立の反目が続くのだろう。

それは、学校教育が持つ根源的な矛盾に由来すると私は考えてきた。

重要な点なので、第三章での記述をほぼそのまま繰り返す。

教育改革を語る上では「個性尊重」ということがよく言われる。しかし、教育社会学でよく言われるように、個性を尊重しようとすると、実は教育格差が生まれやすい。

それはそうだろう。そこでいう「個性」は、多くの場合、家庭の教育、あるいは育った地域や、受けてきた幼児教育によって形成されてきたものなのだから。

単純に、身も蓋もない言い方をすれば、学校で、まとめて、詰め込み教育を行った方が格差は生まれにくい。だって、みんな一律に扱うのだから。

自由と平等は相反するのだ。

本文中でも触れたように、私たちは、この冷徹な認識から出発するしかない。冷徹に矛盾を認識し、情熱を持ってそれを克服する。エビデンス派も反エビデンス派も、相手の主張に一理あることを認めて対話を進める。急進的な議論を廃し、大きな将来展望と着実な改善を組み合わせていく。

フランスの多くの小学校には、門や校舎の壁に「自由・平等・博愛（友愛）」という文字が刻まれている。本文中で触れた「愛のある学び」は、日本人が口にするのは少々照れ臭いが、実は東井義雄先生は、これを繰り返し述べている。

東井義雄の言葉

最後に、東井先生の言葉で、このあてどない議論をいったん収めたいと思う。

第五章で触れた新井紀子先生の『教科書が』についての問題を考える中で、私は次のような文章に出会った。以下、主に東井義雄先生の主著『村を育てる学力』からの抜粋ならびに要約になる。

〈私たちの学校では、「教育とは、子どもに力をつけることだ」という立場から、「文字力」についても、徹底的な追求を重ねてきた。教育漢字の総てにわたって、誤読・誤書の傾向をつかむしごとは昭和二十二年からはじめたが（中略）、その研究をまとめてみて、結論として得たことが教科の論理と生活の論理の両方を踏まえることによってのみ、文字力を高めることができるということであったわけだ〉

〈その具体的なあらわれが「町長」を「まちのそんちょう」と読むようなまちがいの上にもうかがえないだろうか。村の子どもには、その生活の中に「町長」ということばがない〉

〈東・西・南・北の読みまちがいなども、子どもの生活の中で「方位」が育つよりも先

に文字の読み方が押しつけられているところに、これの混乱が起きるのではないだろうか〉

五章でも書いたように、要するに「愛称」という言葉の意味、あるいは英語における「愛称」という言葉のニュアンスが、生徒の生活の中で実感されない段階で、読解力だけを測っても意味がないということを東井先生はすでに書いている。それも昭和二二年から、子どもたちがなぜ間違えるのか、誤読するのかを、きちんとデータとして蓄積している。

ここでの記述は漢字学習についてだが、文についても同様だ。

たとえば、戦中戦後に国語の教科書に載っていた『月光の曲』という短編がある。ベートーベンが貧しい靴屋の兄弟の家に立ち寄ってピアノを弾き、『月光』を生み出したという短い文章だ。以下、その短文の抜粋。

〈ベートーベンはピヤノの前に腰を掛けて、すぐにひき始めた。その最初の一音が、すでにきやうだいの耳にはふしぎに響いた。ベートーベンの両眼は異様にかがやいて、その身には、にはかに何者かが乗り移つたやう。一音は一音より妙を加へ神に入つて、何をひいてゐるか、かれ自身にもわからないやうである。きやうだいは、ただうつとりとして感に打たれてゐる。ベートーベンの友人も、まつたくわれを忘れて、一同夢に夢見るここち。

折からともし火がぱつと明かるくなつたと思ふと、ゆらゆらと動いて消えてしまつた。ベートーベンは、ひく手をやめた。友人がそつと立つて窓の戸をあけると、清い月の光が流れるやうに入り込んで、ピヤノのひき手の顔を照らした。しかし、ベートーベンは、ただだまつてうなだれてゐる。しばらくして、兄は恐る恐る近寄つて、「いつたい、あなたはどういふお方でございますか。」

「まあ、待つてください。」

ベートーベンはかういつて、さつき娘がひいてゐた曲をまたひき始めた。〉

子どもたちに、この文章を読ませる。そして「どうして、ベートーベンはうなだれていたのか？」と問うと、村の子どもたちは一定数、「ろうそくが消えてしまったから、困ってうなだれた」と答える。

あるいは「兄はどうして〈恐る恐る〉近づいていったのか？」を問うと、「暗いからピアノにぶつかると思って〈恐る恐る〉近づいた」と答える子どももいる。

東井先生は考える。これは学力の問題ではない。読解力の問題、教科の論理の問題だけでも片付かない。この子どもたちは、ベートーベンの曲を聴いたことがないのだ。いや、音楽を聴いて深い感動を味わうという経験をまだしていないのだ。

私が本文中で幾度も触れてきた身体的文化資本の問題を、東井義雄は「生活の論理」と呼んだ。「生活の論理」と「教科の論理」を二本立てにする学習を進めるとともに、村の生活自体を豊かにしなければ、「教科の論理」だけで、都会で作られた教材を教え込んだところで何も定着しない。東井先生が生きた時代は、そのような時代だった。そしていま、再び、この文化資本の地域間格差が広がっていくことを私は懸念している。

この点を東井先生は、別の箇所では言葉を変えて「愛に立つ教育」とも呼んだ。

〈国語の教科のすじ道を、しっかりふまえながら、その中に、村を育てる「愛」にたった、ものの見方・考え方、生き方、主体性を、私は、どうしても、念じずにはおれない〉

〈子どもたちが、自分でしあわせを築き、しあわせにであい、思う存分、生きがいを発揮してくれるようになるためには、私たちは、やはり、「愛」にたった目、そして、それを実践する手足を育てなければならない。実践するつもりのない目など、いかに鋭くとも、役に立つものか〉

この点を私は、同じ五章で、「『何のための』『どこに向かっての』思考力なのか」と問うた。

さて、思いのほか引用が長くなってしまった。最後にもう一つだけ、東井先生の言葉で私が最も好きな箇所を引いておく。

〈おやおやとおどろけ。なぜ？　と不思議がれ。わかるまで調べろ。こうかもしれないぞと考えろ。こうしたらどうなるだろうかと考えてやってみろ。いつでもどこでもそうかと、たしかめてみろ〉

人間は、好奇心を持った猿だ。

普通、野生の動物は、子ども時代には好奇心があるが、それを早くに失っていく。人間だけが成長したあとも好奇心を持ち続ける。「おやおやとおどろく」心を、高校、大学になっても持続させるような教育を考えなければならない。「なぜ？　と不思議がる」授業、「こうかもしれないぞと考える」試験を、手間暇をかけて作っていく。

何もわからない未来に向けて、私たちが子どもたちにしてあげられることは、おそらくそれしかない。

おやおやとおどろく未来に向けて、
なぜ？　と不思議がる未来に向けて、
こうかもしれないぞと考える未来に向けて。

―【問題通し番号 32】―

2020 年の東京五輪で、マラソン、競歩に続いてボートも東京以外で開催することが急遽、決定しました。

豊岡市としては、ぜひ、これを誘致したいと考えています。

ここは、市役所内に設置されたボート競技誘致のための緊急対策委員会です。

どのようなメンバーを集めればいいか考えてディスカッションドラマを創ってください。

議長役を、必ず１人、登場させてください。

全員を出演させてください。

足を引っ張る人や、あまり関係のない人、誘致に反対の人がいてもかまいません。

―【問題通し番号 30】―――――――――――――――

レゴで、豊岡市のシンボルとなるようなものを作ってください。

さらに、その作品を題材にし、小学校3年生を対象に想定して、5分から10分のふるさと教育の授業を作ってください。

プレゼンテーションの際は、全員が何らかの役割を果たして説明をするようにしてください。

―【問題通し番号 31】―――――――――――――――

2030年、折からの世界恐慌と不運な自然災害とが相まって、観光客が激減するなどして、豊岡市・兵庫県の財政がともに急速に悪化し、特に豊岡市では、2007年の夕張市以来の財政再生団体の指定を受けることになりました。

兵庫県は、財政支援の条件として、コウノトリの郷公園の閉鎖を提案し、市民の間からも、市民税の増税、下水道料金の値上げなどが相次いだことから、「人より鳥が大事なのか？」と批判の声が出始めました。

豊岡市役所内では、この問題を扱うための緊急協議会を設置することにしました。

・どのようなメンバーが必要かを考えてください。
・メンバーの中には、市役所側の人間、市民代表などを入れてください。

その上で、コウノトリの郷公園存続問題についてディスカッションドラマを創ってください。

登場人物は、たとえば以下のような人が考えられます。

・大学の観光学の教授
・東京の広告代理店
・地元の伝統芸能の継承者
・よさこいソーランの主催者
・漁業協同組合の幹部
・教育委員会
・市役所の各担当部署の職員
・傍聴に来ている議員
・Ｉターンしてきたアーティスト
・旅館組合の代表

ただし、これにとらわれずに自由に考えてください。

正しい解答を導き出すのではなく、逆に、どうすれば議論が混乱するかを考えてください。

地元の意見が正しく、広告代理店の意見が間違っている、あるいはその逆といったステレオタイプを避けてください。

また、正しいことを言っていても性格の悪い人など、人間の性格や関係も考えてください。

—【問題通し番号29】—

まず、YouTubeで、以下の楽曲を検索し、みんなで聞いてください。

太田裕美『木綿のハンカチーフ』

この曲は、昭和40年代の東京と地方のイメージを鮮烈に表した流行歌でした。豊岡市は、このような固定したイメージを払拭するところから、地方創生、人口減少対策は始まると考えています。

〈問題〉
みなさんは豊岡市役所に就職後、Iターン戦略の担当となりました。
そこで、『木綿のハンカチーフ』を相克できるような歌詞を考えるための諮問委員会を設立することになりました。

どのような出席者がいたら会議の議論が面白くなるかを考え、会議のシナリオを作りなさい。

〈参考〉
以下の楽曲も聴いてみるといいかもしれません。このような二項対立にしないことが大事です。

・吉幾三『俺ら東京さ行ぐだ』
・【替え歌】俺ら東京さ行ぐだ『俺ら東京を出るだ』(たすくこま)

―【問題通し番号 27】―――

2040 年、近隣諸国も含めたこれまでの乱獲がたたり、カニの漁獲量は激減しています。
しかも海外の環境保護団体などからは、動物保護の観点から、これ以上カニを食べるなという強いプレッシャーもかかっています。

ここは市役所の、「カニ問題対策委員会」です。

どんなステークホルダーが参加するかを考えてディスカッションドラマを創ってください。

議長役を、必ず１人、登場させてください。

全員を出演させてください。

―【問題通し番号 28】―――

2021 年、豊岡市に兵庫県立の専門職大学が開学します。

2030 年、人口減少対策の目玉として、さらなる学部の増設が兵庫県から市に提案されました。ただし、他に例を見ないユニークな学部の新設が求められています。

新設学部の案を最低 4 つ以上考えてディスカッションドラマを創ってください。

どんなステークホルダーが参加するかを、よく考えてください。

議長役を、必ず１人、登場させてください。

全員を出演させてください。

■ 豊岡市　職員採用試験問題 ■

―【問題通し番号 26】―

以下の題材で、プレゼンテーションの資料を作り、実際にプレゼンテーションを行ってください。

豊岡市出石地区は、現在、出石の皿そばが人気を集めています。しかしながら、地域に宿泊施設が少ないことなどから滞留時間が短く、その改善が今後の課題となっています。

みなさんは、市役所に就職後、出石の発展とそのための PR を担当する部署に配属になり、東京の観光フェスタで出石地区についてのプレゼンテーションを行うことになりました。

パワーポイントを使ってプレゼンテーションの資料を作り、実際にプレゼンテーションを行ってください。

・対象は、東京の一般市民です。
・グループワークの時間は 90 分です。
・プレゼンテーションの時間は 10 分から 15 分です。
・プレゼンテーションの際は、全員が何らかの役割を担うようにしてください。

観光フェスタでのプレゼンですから、発表の仕方を工夫しないと、観客はすぐに他のブースに行ってしまいます。

【問題通し番号 25】

2030年、奈義町自体は市町村合併を選ばず、少子化対策が功を奏して人口6000人を維持してきました。しかしながら、総務省からは、再び市町村合併についての強い圧力がかかっています。

・2030年の市町村合併について、6つの案を考えてください。
・実現不可能と思われる夢のような案を、必ずいくつか入れてください。

発表の際には、それぞれの立場で、それぞれが推す案をもって発言をしてください。

町内のどんな立場の人が、どのような案を出すかをよく考えてください。

■ 奈義町　職員採用試験問題 ■

―【問題通し番号24】―

2035年、みなさんのグループの中の1人が、現町長の多選、高齢批判を旗印に町長選に立候補することになりました。

60分のグループワークののちに、実際に10分から15分の街頭演説を行っていただきます。

立候補者と、その応援者の応援演説を考えなさい。

- 立候補者1名と司会者1名、応援弁士4名の役割を決めてください。どのような応援弁士が来たら有効かを考えてください。
- メンバーの個性を考えて役割分担を行ってください。応援演説の順番などもよく考えてください。制限時間内ならば1人が何回演説に立ってもかまいません。
- 奈義町の白地図を用いて、具体的な政策の説明を行ってください。

白地図は、どのように利用してもかまいません。

—【問題通し番号 22】—

みなさんは、四国学院大学を卒業して丸亀市役所に勤めることになりました。丸亀市としては、もっと海外からの観光客を増やしたいと考えています。

香港の国際観光見本市で、丸亀市のアピールをする機会ができました。10分間の紙芝居を使ったプレゼンテーションを考えてください。

なお、丸亀市以外の市の方がやりやすいということなら、他の市を選択してもかまいません。必ず、どこかの市町村単位としてください。香川県といった都道府県単位はダメです。

—【問題通し番号 23】—

香川県をPRする映画を撮影することになりました。
みなさんはプロデューサーとしてキャスティングの権限を握っています。

・予算は考えなくていいので、好きな俳優を選んで映画の構想を考えてください。
・出演者の数は、各グループの人数と同数とします。

最後に、スポンサーである香川県知事に向けて、プレゼンテーションをしてもらいます。
その際には、以下の条件を満たしてください。

・全体のストーリーを紹介してください。
・各自、1人ずつ、どの俳優を選んだかとその理由を述べてください。

―【問題通し番号20】

資料として提供されているのは、昨日の新聞各紙です。

各紙を比較しながら、自分たちで、新聞の第1面を構成して、配布されているスケッチブックに、そのスケッチを書いてください。

・全員で協力して、1枚の紙面を構成してください。
・スケッチブックに書くのは、見出しと、記事の割合だけのラフなスケッチでかまいません。細かい記事（文章）までは書かなくていいです。
・ただし、全体に、新聞らしいレイアウトは保ってください。

最後に、作られた紙面について発表をしてもらいます。

発表の際は、それぞれが担当する記事を決めて、その内容を簡潔に報告してください。

また、司会を1人立てて、ニュースの重要度の比較が分かるようにしてください。

60分で発表まで行わなければなりません。時間配分や役割分担を、しっかり考えてください。発表の時間は、5分から12分としてください。


わかりにくい課題かと思いますが、この課題が、どんな内容を要求しているかを読み解くことも含めて入学試験だと考えてください。

―【問題通し番号21】

みなさんは平成の次の年号を決める検討委員会のメンバーです。各自、自分の推したい年号を決めてディスカッションドラマを創ってください。

【問題通し番号 18】

みなさんは四国学院大学入学後、選ばれて、福岡市内での大学の PR イベントに出席することになりました。

どうすれば四国学院大学の受験者が増えるかをみなさんで考えて、プレゼンテーションしてください。

四国のこと、香川県のこと、四国学院のことをよく知らない福岡の高校生に向けてのプロモーションだということを、よく意識してください。

【問題通し番号 19】

四国に新しいプロ野球の球団を作ることになりました。

・フランチャイズをどこに置くか？
・チーム名を何にするか？

を議論し、プレゼンテーションしてください。

〈参考〉
プロ野球に詳しい人、詳しくない人、興味のない人、それぞれの立場を登場させてください。そもそも球団を作ることに反対の人を登場させてもかまいません。

【問題通し番号 16】

あなたはいま、四国学院大学の 2 年生です。高校時代に短期留学をしていた韓国から、その時の友人男女 4 名が、香川県に旅行に来ました。

友人たちを楽しませるために、3 泊 4 日の旅行計画を作りなさい。

・到着も出発も高松空港です。
・移動は、基本的に公共交通機関とします。レンタカーは使えませんが、レンタサイクルは可とします。
・季節や日程は自由に決めていいです。
・宿泊、食事など、できる限り細かい計画を立ててください。

最後に、10 分以内で、計画のプレゼンテーションをしてもらいます。プレゼンテーションの際は、役割分担をして全員が何らかの発言をするようにしてください。

【問題通し番号 17】

2040 年、人口減少、少子化が進み、いよいよ都道府県レベルでの合併を行わなければならなくなりました。

日本で最も小さい香川県は、当然、合併の対象となります。

どの県と合併するか、実現不可能と思われる案も含めて 6 つないし 7 つの案を考えてディスカッションドラマを構成してください。

—【問題通し番号14】—

2040年を目処に、四国に新幹線を通すことになりました。しかし、その経済効果を疑問視する声もあります。

新幹線誘致賛成派、反対派、条件付き賛成派、フル規格派、ミニ新幹線派、無関心派などに分かれてディスカッションドラマを創りなさい。

—【問題通し番号15】—

2030年、小豆島にカジノを中心とした大型リゾート施設を建設する計画が持ち上がりました。ここは、香川県庁内に設けられた検討委員会です。

- 司会者、推進派、中立派、反対派に分かれてディスカッションドラマを創りなさい。
- 直前の小豆島町長選挙、香川県知事選挙では、「カジノ誘致、高校生までの医療費無償化」をセットで公約とした新町長と新県知事が誕生しています。
- また、小豆島町の住民投票でも、僅差でカジノ誘致派が勝利しています。ただし、この住民投票には法的拘束力はありません。

〈参考〉
統計を根拠とした論理的なものも、感情的な意見もそれぞれ必要です。登場人物は地元の人間だけではなく、外部の有識者も入れてください。

付　録　22世紀のための問題集

参考資料として、これまで私が、さまざまな機関で行ってきた試験問題を列挙しておく。

・実際の問題とは多少異なる場合がある。
・本文で触れた注意書きなどは割愛して、主に問題の本文のみを掲載している。

なお、ここに例示された問題は、出典を明記していただければ、高校・大学の授業や、新入社員研修などで応用して活用していただいてもかまわない。

■ 四国学院大学　入学試験問題 ■

—【問題通し番号13】—

2030年、世界的なグルテンフリーダイエットブームが巻き起こり、香川県のうどん業界は大打撃を受けます。

そこで、香川県庁内に対策委員会を作ることになりました。
どのような委員がいれば、議論が盛り上がるかを考え、ディスカッションドラマ（討論劇）を創りなさい。

講談社現代新書　2565

22世紀《せいき》を見《み》る君《きみ》たちへ　これからを生《い》きるための「練習問題《れんしゅうもんだい》」

二〇二〇年三月二〇日第一刷発行

著者　平田《ひらた》オリザ　

発行者　渡瀬昌彦
発行所　株式会社講談社
東京都文京区音羽二丁目一二―二一　郵便番号一一二―八〇〇一
電話　〇三―五三九五―三五二一　編集（現代新書）
〇三―五三九五―四四一五　販売
〇三―五三九五―三六一五　業務

装幀者　中島英樹
印刷所　凸版印刷株式会社
製本所　株式会社国宝社

定価はカバーに表示してあります　Printed in Japan

N.D.C. 914　249p　18cm
ISBN978-4-06-519098-2

「講談社現代新書」の刊行にあたって

教養は万人が身をもって養い創造すべきものであって、一部の専門家の占有物として、ただ一方的に人々の手もとに配布され伝達されうるものではありません。

しかし、不幸にしてわが国の現状では、教養の重要な養いとなるべき書物は、ほとんど講壇からの天下りや単なる解説に終始し、知識技術を真剣に希求する青少年・学生・一般民衆の根本的な疑問や興味は、けっして十分に答えられ、解きほぐされ、手引きされることがありません。万人の内奥から発した真正の教養への芽ばえが、こうして放置され、むなしく滅びさる運命にゆだねられているのです。

このことは、中・高校だけで教育をおわる人々の成長をはばんでいるだけでなく、大学に進んだり、インテリと目されたりする人々の精神力の健康さえもむしばみ、わが国の文化の実質をまことに脆弱なものにしています。単なる博識以上の根強い思索力・判断力、および確かな技術にささえられた教養を必要とする日本の将来にとって、これは真剣に憂慮されなければならない事態であるといわなければなりません。

わたしたちの「講談社現代新書」は、この事態の克服を意図して計画されたものです。これによってわたしたちは、講壇からの天下りでもなく、単なる解説書でもない、もっぱら万人の魂に生ずる初発的かつ根本的な問題をとらえ、掘り起こし、手引きし、しかも最新の知識への展望を万人に確立させる書物を、新しく世の中に送り出したいと念願しています。

わたしたちは、創業以来民衆を対象とする啓蒙の仕事に専心してきた講談社にとって、これこそもっともふさわしい課題であり、伝統ある出版社としての義務でもあると考えているのです。

一九六四年四月　野間省一

哲学・思想Ⅱ

政治・社会

1145 冤罪はこうして作られる　小田中聰樹
1201 情報操作のトリック　川上和久
1488 日本の公安警察——青木理
1540 戦争を記憶する——藤原帰一
1742 教育と国家——高橋哲哉
1965 創価学会の研究——玉野和志
1977 天皇陛下の全仕事——山本雅人
1978 思考停止社会——郷原信郎
1985 日米同盟の正体——孫崎享
2068 財政危機と社会保障——鈴木亘
2073 リスクに背を向ける日本人　山岸俊男　メアリー・C・ブリントン
2079 認知症と長寿社会——信濃毎日新聞取材班

2115 国力とは何か——中野剛志
2117 未曾有と想定外——畑村洋太郎
2123 中国社会の見えない掟　加藤隆則
2130 ケインズとハイエク　松原隆一郎
2135 弱者の居場所がない社会　阿部彩
2138 超高齢社会の基礎知識　鈴木隆雄
2152 鉄道と国家——小牟田哲彦
2183 死刑と正義——森炎
2186 民法はおもしろい——池田真朗
2197 「反日」中国の真実——加藤隆則
2203 ビッグデータの覇者たち——海部美知
2246 愛と暴力の戦後とその後——赤坂真理
2247 国際メディア情報戦——高木徹

2294 安倍官邸の正体——田﨑史郎
2295 福島第一原発事故 7つの謎　NHKスペシャル『メルトダウン』取材班
2297 ニッポンの裁判——瀬木比呂志
2352 警察捜査の正体——原田宏二
2358 貧困世代——藤田孝典
2363 下り坂をそろそろと下る　平田オリザ
2387 憲法という希望——木村草太
2397 老いる家　崩れる街　野澤千絵
2413 アメリカ帝国の終焉　進藤榮一
2431 未来の年表——河合雅司
2436 縮小ニッポンの衝撃　NHKスペシャル取材班
2439 知ってはいけない——矢部宏治
2455 保守の真髄——西部邁

日本語・日本文化

105 タテ社会の人間関係 中根千枝

293 日本人の意識構造——会田雄次

444 出雲神話——松前健

1193 漢字の字源——阿辻哲次

1200 外国語としての日本語——佐々木瑞枝

1239 武士道とエロス——氏家幹人

1262 「世間」とは何か——阿部謹也

1432 江戸の性風俗——氏家幹人

1448 日本人のしつけは衰退したか——広田照幸

1738 大人のための文章教室 清水義範

1943 なぜ日本人は学ばなくなったのか——齋藤孝

1960 女装と日本人——三橋順子

2006 「空気」と「世間」——鴻上尚史

2013 日本語という外国語 荒川洋平

2067 日本料理の贅沢——神田裕行

2092 新書 沖縄読本——下川裕治 仲村清司 著・編

2127 ラーメンと愛国——速水健朗

2173 日本人のための日本語文法入門——原沢伊都夫

2200 漢字雑談——高島俊男

2233 ユーミンの罪——酒井順子

2304 アイヌ学入門——瀬川拓郎

2309 クール・ジャパン!? 鴻上尚史

2391 げんきな日本論——橋爪大三郎 大澤真幸

2419 京都のおねだん——大野裕之

2440 山本七平の思想——東谷暁